编委会名单

主　　编：谢晓东　张大诺

编委会成员：（按姓氏笔画排序）

LAOREN SHENDU XINGFU JI
XINGFU YIYANG DE 100 GE GUSHI

老人深度幸福纪

——幸福颐养的100个故事

谢晓东　张大诺　主编

人民出版社

序 一

　　一次偶然的机会，读到了张大诺老师写的一本书《她们知道我来过》，被书里的故事感动得时而热泪盈眶，时而开怀大笑，并深刻体验到久久难以平复的欢喜。当时正值幸福颐养创业初期，我们运营管理的第一家养老院刚刚进入试运营期，团队正在全身心投入研究如何提升养老院的服务质量，提高老人的幸福指数。我也整日在养老院与老人们同吃同住，精心研究老人的服务需求和幸福点，在最需要帮助的时候，上天送给我们幸福颐养一份最好的礼物——张大诺。

　　经过多方打听，在同事坚持不懈的努力下，我们终于约到了大诺老师。大诺老师是那种自带光芒的人，眼神坚定而充满力量，对养老事业有非常独特的想法和思路，第一次见面和预想的一样顺利，我们碰撞出很多火花，就是传说中的相见恨晚。同时，大诺大师欣然同意并加入我们的团队，正式成为幸福养老文化工程总顾问。随后专业而敬业的大诺老师很快进入工作状态，带领公司旗下各地机构团队高标准超预期地完成了既定目标。

　　很快，我们第二次碰面后就决定成立幸福研究院，专注于研究和提高老年人幸福指数，全面启动幸福养老文化工程。

幸福颐养的 100 个故事

同时我们还在各地养老机构成立了幸福研究中心，通过一线服务实践经验，建立"360°幸福养老"理论体系；全方位调研了解长者需求，为每位长者建立幸福档案，为他们提供量身定制的服务，提高她们的生活质量，延长他们的健康寿命。我们的理想是引领这个行业，把我们的研究成果向全世界推广，让全天下的老人受益，这样我们的努力就会更有价值。这些目标实现起来需要时间和精力，这也是我们养老人应该承担的时代使命和责任。

　　本书是我们这项伟大工程的起步之作，是由我们的工作人员和老人共同完成的。从他们身边的小事开始，记录了日常生活的点点滴滴。一滴滴汗水汇合成大海，再流向全世界，以大海的胸怀温暖整个世界，让更多的老人得到更大的爱，然后幸福、快乐、健康、长寿。

　　　　　　　　　　　幸福颐养董事长　　吕俊峰

序 二
让老人的幸福感更可持续

　　幸福是一个历久弥新的话题，如何提升老人的幸福感是我们养老从业者需要共同面对的挑战。党的十九大报告指出，要坚持以人民为中心的发展思想，不断满足人民日益增长的美好生活需要，使人民获得感、幸福感、安全感更加充实、更有保障、更可持续。这正是开启老人幸福之门的密码，也是我们工作的出发点、路径和目标追求。

　　本书是幸福颐养旗下幸福研究院经过三年养老机构运营实践、两年筹备规划、一年深入一线采访编写，汇集近百名一线养老工作人员智慧而著成的书。

　　我们的初心非常简单：寻找让老人幸福的方法，深度研究老人需求，打造 360 度幸福理论体系，让全天下的老人能够幸福安乐、颐养天年，并通过文字传播让更多老人受益。而这也是幸福研究院成立的初心。

　　同时，我们也希望通过这本书让更多的人关注护理员这个群体。截至 2017 年底，全中国的老人 2.41 亿，其中失能老人 4000 多万，而护理员仅有不足百万，缺口 1200 万。能够选择这个行业的人，他们是养老行业真正的天使，是他们

幸福颐养的 100 个故事

在呵护着每一位老人，他们的工作平凡而伟大。此刻，这句话尤为沉甸甸，又让我想起和他们一起照顾老人的时候，我经常被感动得泪流满面，又频频为他们的养老智慧拍案叫绝，更为他们辛苦、琐碎、繁重的工作而心疼落泪。可是他们从不觉得自己的工作有多么不平凡，一直任劳任怨地默默付出。这本书是他们养老智慧的结晶，非常感谢他们的付出。

值得欣喜的是，北京幸福颐养提出的"360度老人深度幸福"新理念，已经在其下属的养老机构进行了有益实践，并积累了大量的鲜活案例。这些尝试具有人本性、科学性、实用性的特点，是一线照顾人员的智慧结晶，也是践行党的十九大精神的具体行动，相信对于养老机构从业人员有很好的启示和借鉴。当然，幸福感会因人、因时、因地而变化，让老人的幸福感"更可持续"仍需我们携手努力，一路向前！

幸福研究院院长张大诺曾说："这些高龄老人，是世上的宝贝。因为他们就是我们自己，他们就是在替我们生活，让我们看到活生生的自己的将来。如果我们能够找到让他们幸福的方法，以后就会有人以这些方法让我们获得幸福。"

莫道桑榆晚，为霞尚满天！养老事业任重道远，相信新时代下的中国养老天地将会越走越广阔，老年人生活也必将会越来越美好！

幸福颐养首席顾问、广州老人院原院长
全国民政系统最高奖励"孺子牛"奖获得者　　洪佩贤

目　录

1

3

幸福颐养的 100 个故事

第二章　脑萎缩、认知障碍老人烦恼痛苦 解决纪　/ 139

前　言
360 度老人深度幸福新理念

据全国老龄办发布的权威信息，截至 2017 年底，我国 60 岁及以上老年人口有 2.41 亿人，占总人口的 17.3%。预计到 2050 年前后，我国老年人口数将达到峰值 4.87 亿，占总人口的 34.9%。

而到了 2020 年，我国的失能老人将达到 4200 万，80 岁以上高龄老人将达到 2900 万。这些老人，将是养老机构服务的主要对象。

数量庞大的高龄及失能老人入住养老机构，对养老机构来讲，是巨大的挑战。这一挑战，不仅来自身体照护方面，更来自内心照护方面。

从某种意义讲，老人的晚年生活是否真正幸福，不仅来自子女的孝顺，更来自专业养老机构在内心照护方面解决老人烦恼痛苦、增强老人欢喜幸福的能力。

有一次，笔者去给养老院的工作人员作演讲时特别提到，养老院医护人员所做的工作，带有某种神圣感，因为大部分老人会在养老院度过生命最后的时光，5 年、10 年、20 年……然后离开这个世界。我们为老人提供的，是他们生命最后阶段的身心支持，尤其是心灵精神层面的支持。

一位老人在生命的最后阶段，是快乐还是悲伤？是舒适还是痛苦？除了身体被科学照护之外，也取决于每一位医护人员、社工及护工是否拥有心灵照护能力。毕竟，这里是他们生命最后的居所；而我们，是他们生命中最后陪伴他们的人。

从某种意义讲，当老人进入到养老院的时候，"我们"就必须让他们获得幸福！因为，只有我们能够做到这点，如果我们做不到，就没有人能够做到了！

如此，不但让老人的身体得到舒适护理，还要想尽办法、竭尽全力帮助老人获得内心的幸福。而幸福颐养幸福研究院所做的事情，就是专注于后者。

有很多人来到幸福颐养考察后，会由衷地说：

"你们对于老人获得内心幸福感的各种设计及设置，给我们留下了非常深刻的印象。很多硬件设施，各个养老机构都差不多，但是在帮助老人获得内心幸福感这点上，目前为止，你们做得最好，做得最有潜力。"

能够得到这样的反馈，是因为三点。

第一，运用科学方法，消除老人入住机构后的各种烦恼痛苦。

老人入住机构后，会在身体、心灵、人际关系三方面有着常见的一些烦恼，对此，国内还没有专门的类似实战关怀书籍予以指导，而幸福颐养旗下的三家养老机构，其医护人员及社工护工，已经针对一二百个实际问题，一一进行了科学干预，较好地解决了这些老人的实际问题，而本书，是从实际发生的、已经被解决的各种心理问题中，精选了近百个经典案例及解决方法。

从某种意义讲，本书相关内容，几乎囊括了机构老人可能出现的所有内心层面问题的解决方法；而本书，也是解决机构老人各种烦恼痛苦首选的经典教科书！

第二，除了解决烦恼，同等重要的，是增加强化老人的欢喜和幸福感。

幸福颐养拥有完整清晰的老人360度幸福理论，此理论，已经在相关养老机构全面实践践行。

这个理论从三个方面进行展开：时间、地点、关系。

从时间上看，要保证老人从入住开始，直到离开这里，整个时间轴线上都处在与幸福有关的设置之中，比如老人从一进来开始，银川市西夏区幸福颐养院就设置了热情的欢迎舞蹈。比如入住房间的时候，老人会看到专属于他们的幸福人生轨迹档案。包括老人出门吃饭的时候，会看到与吃饭有关的幸福感的设计；白天参加集体活动的时候，黄昏在院子里面行走的时候，晚上回房间休息的时候……其时间线上的每一个点，都有对其内心幸福感的设计细节与温暖干预。

所谓地点，就是老人在养老院待的每一个地方，其实都可以成为幸福感的打造地点，哪怕只是院子里面的一个小水池，都要设置能够让老人有欢喜感的内容。比如，不但在水池里放置鱼虫，而且旁边放着舒服的椅子，以及遮阳伞（及必要保护围栏），让老人真的可以坐在椅子上长时间欣赏，而不是匆忙路过，或者站看一会就累了。

按照这样的思路，我们打个比方，假设养老机构的公共区域有一千平方米，可以每十几平方米设立一个欢喜点，这样就可以

3

设计将近一百个欢喜点，对应老人不同的内心欢喜需求。如此，在有些人看来，他看到的只是一个养老机构。但在我们看来，养老院是关于老人内心幸福的不同区域点的特别组合。

所谓关系，指的是让老人和与他们相处的人之间产生欢喜感。即：让老人在和院领导、社工、护工、医生、管理人员、后勤人员的相处中增强欢喜感，如此，就要对相关人员与老人的相处场景及沟通方式内容进行特别的欢喜设计。包括：老人从外面回来，门卫的一个笑脸，或者说的一段特别的话，如此促进欢喜时刻的诞生。

除了相关沟通场景内容的特别设计之外，更要对于上面提到的养老院的每一类工作人员进行幸福干预，让他们每个人的内心都有工作的价值感欢喜感，不要有积聚工作的压力，可以自然并由衷地产生对于老人的欢喜。如此，老人与其中任何一个人接触的时候，才能够感受到对方真实的暖意。

当然，关系层面也包括与外来者、家属以及志愿者有关的幸福感关系的设计。

以上所有内容，如果都可以做到，就会形成关于老人的 360 度幸福体系。甚至于，会达到这样一个效果：

只要老人一"动"，就会有某些欢喜的东西开始发挥作用。

可能有人会说，这些东西是不是过于理想化？或者在操作层面有难度？

其实，当我们有了核心理念之后，很多事情可以一步一步来做。只要方向清晰正确，每一步实实在在，最后累积的效果就是惊人的。

需要再次强调的是，幸福颐养"老人深度幸福"的理念方法，已经在其下属的养老机构进行了长时间高标准高效率的实践。广州南沙区养老院、银川市西夏区幸福颐养院、南京市玄武区幸福颐养院都对此进行了几百个细节的具体幸福实践，积累了大量的实用内容。

解决烦恼痛苦，增强欢喜幸福，两部分内容都已经经过实践充分检验。

中国有两亿多老人，拥有世界上最多的老年群体。那么，实际上，我们在为中国乃至全世界最大的老人群体做着某种前驱性的"深度幸福"探索，我们所走的每一步，即便很小，因为与两亿人有关，其动力也是巨大的，如此想时，我们每一个人，已经提前感受到了自己内心的深度幸福。

两种幸福，同步继续……

幸福颐养幸福研究院院长　　张大诺

5

上　篇
老人幸福感特别设计

让老人获得满满的幸福感，需要四个方向的努力：

巩固老人记忆；

挖掘强化记忆中的欢喜幸福；

增强老人对于养老机构的归属感；

打造欢喜幸福的氛围及幸福软环境。

如果老人的记忆出了问题，呈现明显的脑萎缩及认知障碍状态，在沟通中出现问题，则内心幸福打造就无从谈起。

寻找挖掘并且记录老人生命中的欢喜幸福时刻，并用这些记忆反复"刺激"老人内心，让其重新进入欢喜瞬间，强化其对一生的满足感，非常重要。

让老人在养老机构获得归属感，是为了让老人在内心中建立一个新的"家"，有了家，才有幸福感。

让养老机构的整体环境，以及人际互动都有温暖幸福感，如此，是在对老人的内心进行 24 小时全方位"温暖刺激"。

那么，在以上四个层面，幸福颐养又是如何做的？

◆◇ 提醒记忆的编年史时空隧道

在银川市西夏区幸福颐养院，有一组非常特别的图片，它们

3

墙上的"时空隧道"

走过"隧道",走过记忆

每张图片都在巩固老人的记忆

有图片，有记忆，老人才有活力

幸福颐养的 100 个故事

大面积布置在一个特别病区的几面墙上。

这组图片，按照严格的顺序进行排列。这个顺序很有意思，它是按照每十年的顺序进行排列的。

比如，我们看图 1.1，从 1930 年到 1939 年期间，包括九一八事变、卢沟桥事变的图片；图 1.2 是从 1940 年到 1949 年期间，包括党的七大召开，还有日本帝国主义投降的相关图片；包括从 1950 年到 1959 年期间的事情，有抗美援朝、土地改革、我国生产出第一辆汽车的图片；以及从 1960 年到 1969 年，包括让我们非常骄傲的原子弹爆炸成功的图片；从 1970 年到 1979 年，包括第一颗人造卫星升空的图片；图 1.3 从 1990 年到 1999 年，包括北京亚运会召开、香港澳门回归祖国的图片；图 1.4 从 2000 年到现在，包括国民经济位居世界第二等相关的图片。

这样的一些图片，为什么会分成一个系列，并且排列在养老院的墙上？

在解释这个原因之前，我们先来说一个故事。

有的老人到了一定岁数的时候，眼睛看不清，耳朵听不见，同时大脑中的记忆在慢慢丧失，思维活动也会大幅度下降，大概下降百分之七八十左右。

一个几乎没有记忆以及思维的人，他的血液循环包括身体其他的机能都在同步急剧下降，比如大脑萎缩。所以，帮助老人维系记忆就非常重要。

维系记忆需要一个线索，需要一些刺激，线索和刺激缺一不可。于是，在银川幸福颐养院，我们就设计出了这样一个特别的"时空隧道"，放在脑萎缩和失智老人的专区里。

当老人们坐着轮椅或者自己独立行走到这个走廊的时候，他们就看到了按照时间顺序排列的大事件的图片。老人会不知不觉地沿着这个时间序列走下去，而这个时间序列也是他自己生命的时间序列。

这两个序列之间就会产生化学反应。

比如，一个并不太严重的脑萎缩老人，看到这样一个"时空隧道"的图片，就会把自己整个的人生不自觉地按照时间顺序回忆一下。在重大的世界事件提示之下，老人就想起了这件大事具体发生在什么时间，什么地点，他有什么感觉？在那个时期，他都经历了一些什么事情，接下来，老人又会想起这件大事前后几年发生的一些事情。

然后，老人进入到下一个十年，看到了这十年里发生的一些大事件，他就又会想起那个时期他所经历的事情，或者是跟这张图片有关或相近的事情。以此类推，又进入到下一个十年……

当老人这样走一圈的时候，实际上，是不自觉地把自己的人生又走了一遍，在自己真实的记忆之中又走了一遍。

一次次行走，一天天行走，一月月行走，记忆的线索被反复乃至无数次提及、强化。

"时空隧道"是养老院里一个非常固定的展示。老人在养老院里待一年两年三年五年十年，每一天他都会受到这样的刺激和提示。于是，设计这样的"时空隧道"，就相当于在巩固老人的记忆能力，静静地把沉没的"记忆大船"向上托起，在一个几乎完全失声的世界里不停地敲打，有声音有形象。慢慢地，老人也会特别惊讶地发现自己又想起了新的东西。"时空隧道"，把老人所有已经沉到历史海底的那些记忆，一点一点打捞上来，重新在阳光下熠熠生辉。

7

那么，为什么一定要沿着时间线索来排列这些照片，并且排列顺序基本上就是老人在大厅里行走的一个顺序？这是因为：人的记忆就像一棵树一样，只有主干有了之后，两边的枝杈才能够生长出来。让老人把每十年的事情串起来，老人的记忆体系就被建立起来，其他一些闲散的记忆才会慢慢生长起来。

再有，时空隧道的颜色设计也很有特点，即：颜色非常浓烈，这样可以更好地吸引老人的目光，对老人产生强烈的冲击力。

◆◇ 老人屋内的个性"时空隧道"

当然，这样的一个"时空隧道"设置完成之后，我们还会对它进行一些其他活动的支持。比如，我们会带老人随便站在一个展台前，询问他对这些事情的印象，然后再提问老人对相关事情的回忆，促使老人开始主动地调动他的记忆。

或者，我们帮助老人在"时空隧道"里走上半个月或一个月，老人反复看着这些图片，每当老人想起一个事，我们立即帮老人记下来。把老人想起的这些事情重新串起来，就形成了老人自己的"时空隧道"。

如此，我们同样会用一些特别的图片，制作成老人自己的"时空隧道"，放在老人自己的房间里。比如，在和某位老人沟通时，他就想起那个时候，他正在做一艘船的船长，我们就把一张船长的照片放到这个十年里。老人说下一个十年又想起点什么事，我们再找另一张相关的图片放在这个十年里。老人说他去过

让老人生活在自己的记忆库里

一个什么城市，那我们就去搜城市的图片……

把这样的图片重新连起来，按照严格的时间顺序，放在老人自己的房间里，放在老人床头的周边。如此，每一位老人就都有

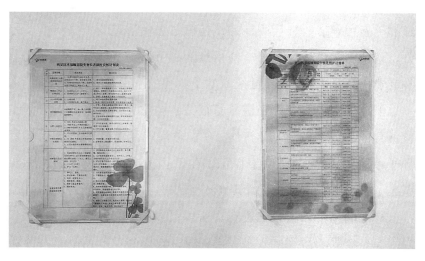

独属于老人自己的档案及照护方案

一个专属于自己的"时空隧道"了。

养老院里有一个公共的大的"时空隧道",而每个房间里,还有老人自己的小的"时空隧道"。而老人,每天都在小的"时空隧道"和大的"时空隧道"里行走,每时每刻每天都处于相关记忆的线索和刺激之中,大脑萎缩及认知障碍的速度就会下降。

其实,当老人回忆起来事情的时候,也是我们帮助他们保存"人生精华"的时候。每个老人,都有自己的人生精华记忆,都值得我们用心挖掘、存留和呈现。

◆◇ 刺激记忆的旧物博物馆

在银川市西夏区幸福颐养院,我们可以看到一个特别的房间,这个房间被称之为"旧物博物馆"。

房间里有一个非常特别的图,这个图上贴满了过去曾经使用过的一些粮票,有一斤两斤的,还有过去使用过的一些票据,另外,这个房间内还有过去所使用过的桌子、茶缸、收音机等几十种老物件,基本上把20世纪六七十年代的生活场景完全复原了。

旧物博物馆对老人来讲具有很特别的意义。很多老人记忆比较深刻的有两个时间段,一是30岁之前的生活,一是自己有了孙子以后的生活。但30岁以前的生活因为时间比较久远,所以老人记得不是很清楚。那个时候,很少有人有记日记的习惯,也没有现在的照片和视频等资料,所以很多事情会被遗忘。

而一个很有意思的现象是:有的时候你会发现某位老人特别能聊,那是因为老人突然间受到某个东西的触动,想起了某件

雅致实用的记忆博物馆

旧物，就是记忆

幸福颐养的 100 个故事

事，所以，如何带给老人必要的触动，就非常重要。而旧物博物馆，通过静态的物件，就是在触发老人对动态历史事件的记忆。

比如，有老人来到旧物博物馆后，看见一张粮票，那么，关于粮票的记忆就慢慢地从老人的记忆中浮现出来，进而激活更多与粮票有关的记忆。

再有，很重要的是，旧物博物馆陈列的东西，其包含的种类比较多，涉及衣食住行各个方面，包括文化的、经济的、时政的、娱乐的……都在这个博物馆中呈现了出来，任何一件东西都会起到触发的作用，每一类东西都代表着老人重要的记忆。

对老人来说，大脑记忆之中那个失忆的空白地带确实很顽固。但是它再顽固，也抵不过旧物博物馆对它几百天几千天的刺激，抵不过我们的医护人员这样一份充满智慧的爱心。

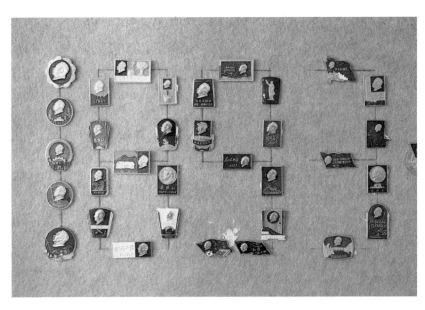

每个旧物，都可能唤起老人一段记忆

老人过去"真实生活"复原

　　当然，在静态刺激的同时，我们还会配上相关的光电效果，使老人不仅能看见这些东西，还能听到当时的一些声音，可能是当时事件发生时录像的声音，也可能是当时的一些相关的文艺作品的声音。这样，老人就能进入到一个全方位的感官刺激中，这就等同于他们在重温过去的一种真实的生活。

　　关怀失智老人、脑萎缩老人，是一个漫长的过程，在很长的时间之内，我们可能看不到效果，但是我们始终相信与大脑相关的生理的规律。这些规律很简单，就是所有的记忆都需要靠外界刺激来慢慢恢复。持之以恒的刺激，必然会促使老人重新捡起一部分记忆，而每一部分的记忆，就都意味着一部分的生命力和有质量生命的延续……

13

◆◇ 定制老人自己的"幸福电视台"

老人在看为他们特意定制的节目

　　在幸福颐养院，我们可以看到，在大厅里特别设置了老人的"幸福电视台"。

　　有一个很有意思的现象，每当电视台内容播放的时候，有几个老人会突然非常激动地向电视靠拢，然后非常惊讶地看着里面的内容，因为，里面播放的内容和他们有关。

　　或者说，就是他们自己平时的生活。

　　银川市幸福颐养院里也有这样一个幸福电视台，它实际上就是在公共的大厅里放置一个电视屏幕，这个屏幕很多养老院里都有，但不同的是，南沙和银川的养老院真的是把它当作一个小型的电视台来运作的。

它有固定的节目表，而且内容非常符合老人的需要。比如有老人健身的示范视频，这些健身内容都是很小的动作、很小的幅度，但是很实用。播放的时候，老人可以跟着一起来学。还有老人比较喜欢的一些音乐影视作品，比如广东的老人喜欢听粤剧，那么就会在固定的时间播放粤剧的内容。银川养老院也在固定的时间播放过去的老电影（直接连上多媒体，这些内容就可以从非常正规的渠道获得）。

还有很特别的一点，就是刚才所提到的，有的老人会特别惊讶地跑到前面去看，老人在干什么呢？老人居然在屏幕里看到了自己或者看到了同一个病房或者同一个楼区的老人。

这就是幸福电视台的特色，即：把养老院里的老人当作电视的主角，然后让他们在电视中出现。

这个内容操作起来也很简单：工作人员对老人进行相关主题内容的拍摄，或者请老人讲一些东西，或者就是视频记录他们的生活，然后转化视频格式，把 U 盘插在电脑上，在屏幕上播放就可以了。

这个特色，它的好处和有意思的地方在哪呢？

在于让这些老人们看到了自己的生活、自己的话语、自己的形象。

其实，越到生命后期，让一个老人感兴趣的东西就越少，但作为一个人，最本质最核心的兴趣点就是"他自己及身边的东西"。比如老人对报纸的内容可能并不关心，但是对自己身边的新闻就很关心。在他逐渐丧失了与世界的关联后，逐渐丧失了与自己记忆的关联后，本能存在的兴趣点之一，就是他看到了同住在一个屋里的老人、经常吃饭时看到的老人出现在电视上，看见这样的老人在说一些东西、做一些事情，老人就很想去看一看……

这是现代科技带给老人关怀领域非常有意思的新方法。

◆◇ 老人自己的视频口述历史

除了引发老人的兴趣，幸福电视台还有一个很重要的作用。

一个事情只要发生了，就会在我们的记忆之中被存放，可能会存放很多年。是记忆让我们的生活变得很丰富，但对老人来讲却没有这样的功能。一个事情真实发生过，但老人真的很有可能

访问挖掘老人自己的故事

想不起来。那么，幸福电视台再次把它们呈现出来的时候，实际上是在帮助老人重新拼建他自己的世界，这样的视频内容，等于在替老人保存记忆，这些记忆视频，在以后特定的时刻拿出来，会重新让老人的大脑及记忆变得丰富起来。

此外，我们在幸福电视台里看到的，不仅是老人平时活动的一些影像记录，还有讲述，像著名的电视节目《东方之子》一样，很多老人都在这里讲述自己的人生。我们用手机拍摄老人讲述的内容，包括老人认为比较高兴的事情、骄傲的事情、得意的事情、欢喜的事情，或者针对某一个小问题来阐述一下自己的想法。所有这些内容，就像一个人物访谈节目一样，老人都是被采访者、讲述者，是人生层面的专家。

老人口述，视频记录

幸福颐养的 100 个故事

而随着相关视频资料的逐渐丰富，随着老人讲述的次数逐渐增多，真的就变成了老人的一部口述历史了。

必要的时候，这个工作也可以交给一些志愿者朋友来做，很多大学生志愿者很有热情，但不知道该做什么。通过访谈一些老人，把访谈的片段在老人自己的幸福电视台播放，慢慢地会形成一个效应，其他老人也愿意来讲，也愿意来听。

这个方法不但能够对老人自己的人生起到很好的记录作用，也能够提醒他们曾经发生过的很多事情。另外，在他们百年之后，正如幸福研究院的名誉院长谢晓东先生所建议的，我们可以把它刻成一个光碟，送给老人的家属，家属就知道老人在这里曾经讲述了这么多的东西，有些东西甚至家人都不一定知道，那是老人生命之中特别珍贵的东西，也是家属们特别美好的回忆。

如此，真的把它当作一个小的电视台节目来运行，养老院工作人员也真的要把自己当作电视台的一个总编辑，一个制片人，他真的需要拿着手机来记录养老院里面很多有价值的东西，带着一双善于发现的眼睛，随时随地拍摄老人们的镜头，随时随刻在这里播放。如此，很多老人会形成一个习惯，每天都愿意坐在这里看一会电视。这是为什么呢？因为老人看到的是自己。

最终，每个人的故事越来越多，形成了几十个几百个上千个视频库，这些，是养老院和所有老人共同的一笔财富，是老人生命最后阶段欢声笑语的博物馆。

其实，以上内容对养老院的企业文化也会形成非常好的影响。比如，我们可以进一步丰富电视台的节目内容，可以请护士护工讲述关怀老人的事情，慢慢地，也包括家属和老人一起互动的内容。

甚至，有的时候，我们可以安排一位主持人。每一位医护人员或者社工都可以做主持人。主持人可以录一个新闻节目，比如，节目开始，主持人先问："今天都发生了什么事情，你们知道吗?"然后，可以稍微结合一下老人的兴趣点。比如说对于一位山西的老人，主持人可以说："那位山西的奶奶，你要注意了，在你们家乡发生了这么个事。"

或者结合老人以前做的工作，主持人可以说："某某大爷，您以前不是做某某工作吗，现在要说的新闻跟您以前的工作有关系……"

通过定制式的新闻寻找服务，可以真正地把新闻的理念也引入到老人的生活之中，通过养老院定制化新闻服务，老人们就知道了外面发生的"与他有关"的事情，如此，对老人的大脑也具有非常好的刺激作用。

每天都有新鲜的刺激，每天都在发生欢喜的事情，每天都有身边人的影像内容，这样的一个大厅，这样的幸福电视台，就是一个非常神奇的地方……它潜移默化地影响着每一位老人的心，引领着老人们向着他们本该有的幸福晚年稳步进行。

◆◇ 全方位增加老人的专属心灵空间

在幸福颐养院，我们看到一个很有意思的现象。

在吃饭的地方，会贴上老人的名字，这样，老人会坐在固定的位置吃饭。这也相当于每位老人都有自己的专属座位。

此外，走廊里还摆放着一盆盆花草，花草盆上也贴有老人的

花草，属于老人

名字。这盆花，就由贴有名字的老人负责照料。

有一次，社工正好遇见一位老人给她的花浇水，就问道："您是怎么伺候这个花的？"

老人回答："我只要渴的时候，就能想到它渴不渴啊，我就来给它浇水了。"

另外，在幸福颐养院里，老人们做了一个编织，或者做了一个剪纸，这些东西就会被医护人员贴在一个地方，上面写着老人的名字。

如果老人喜欢写字，工作人员就专门留给老人一个放纸笔的抽屉，上面写上老人的名字。

如果想让老人获得幸福感，需要让老人对养老院有"归属感"，不过，做到这一点很难，毕竟老人来到一个全新的地方，这个地方又没有亲人朋友，只有护理人员。同时，在养老院还需要有一定的行为规范，没有绝对的私密自由，不能大喊大叫，否则就会影响到别人。

所有这些，都会影响老人的"家的归属感"。

好在，任何问题都有解决方法。

其实，即便是我们，来到一个新的地方，如果这个地方没有属于我们的东西，我们也会感到陌生。相反，如果在这个地方有一个东西是属于自己的，那我们就会对这个地方有亲近感。比如，我们去出差，进入宾馆，一开始，也会感觉到不适应，觉得这个地方好像跟自己没有什么关系。当我们把自己的一些物件放在宾馆，比如房间放着我们的一本书、一个杯子、一块毛巾、一些化妆品等，到第二天第三天的时候，我们对这个地方就会有一个归属感。

老人也一样。所以，我们把一盆花分给老人来照料，或者吃饭的时候在座椅上贴上他的名字，这样做的目的，都是为了强化老人对养老院的归属感。

这些设计会产生这样的良性反应：

当老人早上醒来的时候，他不会觉得这里完全陌生，而是有一盆花在等着他，上面标着他的名字，那是他的东西，于是他走向那里，开始一天的生活。

当老人吃饭的时候，有一个地方也是属于他的，"神圣不可侵犯"，于是，老人就不是在走向一个公共场合，而是走向了自己的地盘。

按照这样的逻辑，应该在老人的每个活动空间、每个活动区域都设立一个属于他的"专属标识"，如此，他的整个生活，就是从自己的专属居住空间（即便是合住），走向公共空间属于他的一系列的"专属地方"，如此，老人就会逐渐地适应这个陌生的环境，重新建立一个心理上的家。

养老院里与老人相关的东西越多，老人的归属感就越强，对养老院的适应就会越快。

有的时候，我们也欢迎老人的家属把老人常用的一些东西带进来。有的时候，老人带来一个很陈旧的碗或者一个很破旧的兜子，可能已经不太好使了，但老人就是很喜欢，那我们就欢迎家属把它们带来。这样，老人进来之后，可以继续生活在有他自己物件的环境里，拥有内心层面熟悉舒适的空间。

所以，老人搬过来的时候，如果大包小包拎好多东西，这反倒是一个好事。养老院要提前为老人布置好房间，让房间跟老人家里的房间尽可能契合。有的时候，我们会要求老人的家属提供一张老人原来生活居所的照片。根据照片，我们尽可能让老人在养老院里居住的地方和照片里的环境吻合，甚至，东西摆放的顺序和位置都尽量贴合老人原来的环境。

其实，大部分老人进了养老院之后，他们的余生就在这里度过了，那么，尽快让老人重新建立一个专属的、稳固的、持久的家的感觉，对老人余生的生活质量非常重要。简而言之，一个理念的转化很重要：老人，不是住进了养老院，而是住进了另一个"自己的家"，这个家，还有专业的人士给予精心照顾。

◆◇ 老人床头的个性欢笑拼图

在幸福颐养院里，我们可以看见另外一些很特别、有意思的照片墙。这些照片墙放在老人床铺的上方。照片墙上有很多照

老人床头，属于自己的照片墙

片，都是老人来到养老院之后拍摄的特别高兴的照片。

老人来到养老院之后，开始进入人生最后的一个阶段。所以，老人这些欢喜的时刻非常重要，因为这是他生命最后阶段里的欢喜和欢乐。而这个时候，养老院里的医护人员就可以对老人的生活和内心世界进行"温暖干预"了，干预的方式之一就是刚才提到的照片墙。

医护人员抓拍的时候，应该进行分层次拍摄，比如按照老人停留的不同的地方，寝室、走廊、餐厅或者室外……或者，可能老人正在跟人聊天、正在打麻将、正在跟志愿者沟通、正在和家人聊天……这样就可以把老人在不同场景下的欢喜时刻全部用照片记录下来。

另外，我们看到，南沙养老院还对照片墙做了一些特别巧妙

23

每天醒来，看到墙上自己的笑脸

的设计，用 PS 的方法把老人的照片和一些卡通图片结合在一起。比如，把老人在打麻将时的照片和麻将趣味图片 PS 在一起；把老人过生日的照片和蛋糕图片 PS 在一起……这样就形成了一个小型的卡通墙。此外，医护人员还给照片墙上的老人起了一些非常好听的名字，比如：最有魅力的老人、最受女士欣赏的老人，或者最风趣幽默的老人等。

可能有人会问：照片墙可以起到什么作用呢？

老人每天起床的时候，看到照片墙就会很高兴。看见这些真实的欢喜照片，老人就会想起那些欢喜的时刻。由于照片是在不同的地方拍摄的，所以就会让老人想起他原来可以在这么多地方做这么多高兴的事情，或者有那么多事情可以让他高兴。

其实，最简单的就是每天早上，老人看见照片墙就会很高兴；晚上回到房间的时候，如果心情不好，回头看一眼照片墙，老人的心情就会好很多。

老人都有自己的"雅号"

创意名字，欢喜定格

另外，有的时候，这个照片墙甚至会起到意想不到的效果，比如有一位老人就讲道：

"我参加了党内的一个学习，回来后，我就让工作人员帮我拍一张带领老党员们学习的照片。每当我看到这张照片的时候，我就会提醒自己：虽然我已经退休了，但我还是一名党员，我要起到一个党员应该有的先锋模范作用。我就按照党员的要求，严格地要求自己。"

这样的一张照片，真的对老人的内心时时刻刻产生潜移默化的提醒提示。

在广州市南沙区养老院，这样独特的照片墙已经有六七个了，将来会越来越多。当每位老人都有一个专属于自己的来到养老院后的欢乐照片墙的时候，他们内心的欢喜度和幸福度就会成倍增加！

每一天，一抬头，欢乐扑面而来……

◆◇ 一个老人的幸福档案样本

通过对于老人的深入访谈及沟通观察，广州市南沙区养老院特别制作了老人的"个性幸福档案"；有了这个档案，医护人员就知道：如何强化其基本记忆；如何强化其幸福记忆；如何巩固其幸福习惯；如何固定其内心幸福环境；如何构建养老院360度幸福体系。

比如，下面这个档案实例。

老人基本情况

姓名：×××　年龄：××岁　子女情况：××。

身体情况：老人生活基本自理

情绪情况：老人性格乐观开朗

老人大事件

注：当老人出现脑萎缩现象时，按照下面的线索和时间顺序，和老人交流而延长其记忆。

1.年轻时，老人跟着母亲谋生

2.老人年轻时做过很多工种

3.23岁那年，老人结婚了

4.老人丈夫换了很多工作

5.老人大儿子自己开了商铺

6.老人儿子经济宽裕

7.老人孙子乖巧、听话

8.老人孙子如今事业有成

9.2017年，老人入住南沙区养老院后，家人对她很贴心

10.老人受到了院内老人和亲朋好友的尊敬、爱戴

幸福线索

注：和老人沟通时，令老人高兴、骄傲的温暖部分，请多提及。

时间	幸 福 线 索	情绪
结婚前	年轻时，老人跟着母亲谋生，十几岁就把柴火费力地从一地搬到另一地，当时很多农民都这样做。	难忘
	老人以前做过很多工种，比如住家工、工作队等，还跟着工作队到处去土改分田。老人开心地说道："我们分到了田地，能够种出粮食，我们可以吃上米饭啦。"	高兴
结婚后	土改过程中认识了丈夫，大家一起工作，老人丈夫虽然是贫农，可他非常勤快，老人很欣赏他，后来相互认识，结婚了。	高兴
	老人丈夫换了很多工作，刚开始也是跟着其母亲去几个地方工作。谈起丈夫的坎坷经历，老人双眼含泪。	难忘
	大儿子开了商铺，请了很多工人，老人丈夫负责财务，而老人就负责带孩子。老人表示虽然日子过得很艰辛，但是家人和和睦睦，团结一心，生活还是很快乐的。	骄傲
	儿子持有房屋多间，老人提到儿子曾经征求她的意见，想要卖掉一两套房子，老人为儿子考虑，回应儿子："不如卖了我自己的那一套吧。"老人表示，自己每月有1000多的养老金，可用于自己在养老院的部分生活开支，不足部分由儿子承担。	骄傲
退休后	孙子乖巧，听话，曾就读于重点中学。孙子16岁那年的暑假，看望老人时还拎了一袋沉甸甸的水果给她，老人觉得孙子比其他同龄的孩子懂事。	温暖
	孙子去国外留学，回来后就跟着老人儿子做生意，如今事业有成，老人很骄傲。	骄傲

时间	幸 福 线 索	情绪
入住南沙区养老院后	儿子经常早上来养老院接她出去喝早茶，非常孝顺，南沙、黄阁、鱼窝头都去过，老人还经常打包一些糕点回来分享给其他老人。	温暖
	老人房间的日常用品都很齐全，如水桶、棉被、小桌子、零食、水果等应有尽有，所以老人认为家人对她很贴心，她感到很温暖。	温暖
	回家吃开年饭的时候，全家人都来了，很多人向她敬酒，大家都很尊敬她。	骄傲
	因为老人见多识广、乐于助人，院内的老人事事都咨询她，很尊重她。"婆婆，我们下去散散步吧。""婆婆，你看我的新衣服好看吗?"就连饭堂的经理也经常征求她关于膳食的意见，老人总是不厌其烦地回应。	骄傲

幸福喜好

以往喜好：老人以前在家的时候，感到最开心的事情，就是能够和其他老人聊天，大家聚在一起谈谈生活趣事，分享当中乐趣，嘻嘻哈哈好开心的！一天一天就这样就过去了。

文体活动：老人最喜欢的运动就是做早操，早上起床后，老人都会在自己家的院子里动动手动动脚，因为，老人坚信着：生命在于运动，多做运动，才能拥有更健康的身体。

幸福起居：老人已经形成自己的幸福起居习惯，具体如下。请医护人员帮助她保持住这个习惯，如果发现她没有在固定时间做固有事情，可能她的心情不好，则对她要多一些心理支持干预。

29

早上起床后，约 7:15，老人会到楼层大厅用早餐，用餐后，老人会到一楼散步闲逛，散步完了，老人回到一楼架空层的休闲椅上坐着，然后，老人会找其他老人或者工作人员聊天，差不多8:30，老人都会积极准时地参与院内的早操活动，早操活动结束后，老人就会留在房间里休息。虽然较少参与我们院内其他活动，但十分关注院内生活的大小事情。

午餐后，12:30，老人都会进行半小时到一小时午睡，保证自己精力充沛。随后，老人就会到活动大厅和其他老人聊天，或者讨论些生活趣事，或者观看其他老人打麻将，因为她自己不会玩。

到了晚餐时间，17:00，老人和其他老人一起在楼层用餐。晚餐后，约 18:30，老人就回房间梳洗，休闲地躺在床上看电视，吃零食。约 21:00，老人就休息了。

幸福心愿

老人最大的心愿，就是快快乐乐在院舍生活，能够和现在一样每天常常能和其他老人、工作人员聊天，因为老人特别开朗，每天都很喜欢和别人聊天，她就感到很快乐了。

◆◇ 从人生经历寻找幸福线索

曾经有一位老人，每次遇到志愿者的时候，她都会很清楚地讲述她的一生，但是她的讲述最多只能持续五分钟。她会告诉你，自己是一个小学老师，在刚开始工作的时候，有一个很小的班级，她是如何教这些学生的，后来这个学校又是如何发展的。

在讲述的过程中，她会不停地用拐杖来敲打地面，就好像是句子和句子之间一个标点。第一次去跟她沟通的时候，志愿者会觉得这是一个表达非常清楚、很有感染力的老人。但第二次去沟通的时候，发现老人说了同样的话，并且表情动作都是一样的，包括拐杖击打地面的那个点也是一样的。问其他内容的时候，她却什么都说不出来了。

她只记住了这一段，她的人生只有这五分钟。对于她来说，整个人生中让她比较高兴和骄傲的东西，只剩下最后五分钟，其他的什么也想不起来了。

但我们不认为老人一生真的就只有这五分钟，五分钟的讲述中所提到的那些点，如果细挖的话，难道就没有更加丰富的欢乐

沟通挖掘老人一生中的幸福时刻

时刻吗？于是，我们认为，为老人制作一个属于她的具体的幸福人生档案，非常重要。

如何为老人建立这样的幸福档案，可能很多人会比较头疼。因为和老人交流起来会有些问题，工作人员不知道从何下手。

首先，我们需要先弄清楚老人大概的人生轨迹，比如这位老人什么时候出生的？小的时候做了什么？上学的时候在干什么？工作的时候在干什么？退休之后在干什么？按照这样的时间顺序问老人，当然，最好趁着老人还比较能说的时候，或者能想起些什么的时候，及时地抢救式提问。

提问主要包括三个层面。

第一个层面是让老人特别高兴的事情。

第二个层面是让老人特别骄傲的事情。

第三个层面是让老人觉得特别温暖的事情。

按照时间顺序，先提问老人小的时候有没有什么让他特别高兴的事情？老人说出什么内容，立即把这些内容先记下来。然后问老人上学的时候，有什么让老人觉得特别骄傲的事情？以此类推。

按照这样的顺序，一段一段地去问老人的时候，确实需要一定的耐心。我们在跟老人交流的时候，很有可能无论我们问什么问题，老人都说想不起来了。这是非常正常的现象，这个时候就需要工作人员再耐心一点。等遇到老人比较高兴的时候，或者觉得老人大脑思维非常清楚的时候，再问他一下。

有一位老人，平时话也不多，问的时候也不说什么。后来多问了几次，老人突然间说了一句，说他那个时候是一艘船的船长，很简单的一句话就带出了让老人很骄傲的一个点。

如此，通过第一阶段的一个询问，基本列出了一些主要的点。大概列出来十个二十个点。别着急。过一段时间之后，针对每一个点再细分。比如，刚才那位老人突然间冒出一句："我是一艘船的船长。"

我们就针对这句话再细问："您是怎么当上这个船长的？当上船长之后，您都做了什么事情？或者您开船的时候遇到了什么事，您是怎么解决这些问题的？大家都怎么夸您的？等等。"

同时，在提问之前，社工实际上也学习了相关船舶知识，再次沟通时，老人就更有兴趣，并且被刺激讲出更多的内容；而且会说得眉飞色舞，最后，连他自己都很惊讶，原来自己经历过这么多的事情。

通过以上的时间顺序，老人的人生轨迹，我们大体上可以确立起来了。我们针对每一个点，再进行相关的细问，就会形成一个逐渐展开的东西。

◆◇ 从人际关系寻找幸福线索

接下来，我们再按照人际关系的顺序进行内容的补充。

人际关系就那么几种，包括同学、同事、孩子和其他的亲属。

可以这样提问："您的同学有没有做出什么让你特别高兴的事情？"

如果老人想不起来，那我们继续提问："您上班的时候，哪个同事跟你关系比较好？您跟这个同事都发生过什么事？"

挖掘幸福时刻需要耐心

老人会给你讲一些。

当我们真的这样提问的时候，有一个老人就谈到，她有一个女同学，个子不高，比较胖，经常来向她请教。小的时候，她俩关系特别好。还有一个女同学，体育课不太好。还有一个同事，个子不高，戴个眼镜，老人教给她如何游泳。

许多内容都被"刺激"出来。

接下来，进入最重要的人际关系：老人与子女的关系。我们可以问老人有几个儿子，几个女儿。一般都会问老人为子女做了什么事情，或者子女为老人做了什么事情，这都是促使老人产生骄傲和温暖感受的导向问题。

然后，再问孙子孙女的事情。很多老人对这部分的记忆最为深刻。有一位老人什么也想不起来了。但是老人的孙女让她很骄傲。

按照她的表述因为孙女在一所外国语学校读高中，成绩很优异。

　　当然，也可以提问老人与远房亲属的关系，老人也会列出好多让他们觉得特别温暖、特别骄傲、特别感动的事情。把这些事情列出来之后，以后再挑一些重点的事情，有针对性地详细地去问某个具体事情，老人就会讲述得更多。

　　通过时间和人际关系这两个线索，我们就可以列出来一个基本的人生幸福档案。

　　另外，可以做一些随机的补充。比如，让老人看着相册，他可能会想起很多东西。或者让老人看到一些旧物的时候，老人也可能会想起一些事情。还有可能老人突然之间又想起什么事来，这些事情即便看起来与老人的生活没有什么关系，但可以触发老人记忆中的某些阶段，这个时候继续追问一下，同时记录下来一些内容。

　　一般情况下，如果老人入院之后，大脑基本清醒，他的家属也会帮助提供一些信息。

　　以上的工作全部完成之后，老人这一生感到欢喜骄傲温暖的内容，基本上就都浮现出来了。这个档案就可以进行制作了。制作的时候其实也很简单，就是按照相关的时间顺序，把它列出来。像是一张大表，左边这一栏是时间或者某一个阶段，中间一栏是老人做过的一些事情。这一栏字数不用多，每个事情用几十个字表述出来就行。第三栏是老人对这个事情的情绪反应的概括，假如这个事情让他觉得骄傲，那就写骄傲；让老人感觉到温暖，就写温暖；让老人感觉到高兴，就写高兴；等等。

　　这个表制作出来之后，老人人生的精华故事就都囊括在里面了。

有了这个档案，医护社工人员就知道：如何强化其基本记忆，如何强化其幸福记忆，如何巩固其幸福习惯，如何固定其内心幸福环境，如何构建养老院 360 度幸福体系。

◆◇ 呵护老人的幸福档案生物钟

在南沙区养老院为老人做的幸福档案之中，我们看到了这样一个内容。

老人一天的幸福周期表。

这个周期表，记载了老人每天主要从事的一些活动。这个表

老人的幸福，也有生物钟

跟老人的作息表不太一样，它实际上是与老人内心平静欢喜有关的一天活动内容周期表。

当我们对老人的生活和内心进行幸福感干预之后，当他所处的环境一切都按照体系化、规律化运行之后，老人在这样的环境之中，会寻找到许多让自己高兴的事情，并且，慢慢地把这些欢喜内容固定下来。

在表中，会体现出老人几点钟起床，早晨做什么他会比较高兴，上午的时候做什么比较高兴，下午的时候做什么比较高兴；晚上的时候做什么比较高兴……以此类推，如此，老人会把自己的生活习惯和整个幸福体系相对接，形成一个带有生物钟感觉的幸福日程。

老人受身体机能限制，能做的事情不多，并且都习惯于固定地做一些事情。所以，这个表就相当于老人为自己找到的非常难得的幸福档案。

在幸福流程的推进过程中，医护人员和社工会在某个时间点询问老人每天喜欢做的事情和感受，然后记录下老人为自己安排的欢喜时间表。这个时间表，会放在相关的医护人员的工作档案里，也可以放在老人的个人幸福档案里。

一旦老人形成了这套幸福生物钟式的内容之后，医护人员主要的任务，就是要保护和保证这个表的运行。比如，老人习惯每天上午到某个地方打麻将，那么，到了那个时间点，我们就去看一下，老人是否在那个地方打麻将，如果发现老人没在那个地方打麻将，那很有可能老人发生了什么事，我们就要去询问老人到底出了什么事，并且解决这个事情，让他可以继续在幸福流程中生活。

如果因为某些原因，老人有些事情做不了，我们就帮助老人寻找替代的欢喜内容方案，重新列入此表，让老人依然欢喜地度过这样一段时光。比如，如果老人因为视力原因，无法在某个时间看自己喜欢的节目，那么，我们就为他在那个时间点寻找他喜欢的电台节目，进而保障他在这个时间段心情的愉悦。

当每一位老人都有这样一个流程表的时候，幸福关怀的工作就比较简单了，就是检查老人是否在某个确定的时间点上在做相对应的事情就可以了。于是，幸福的关怀就变成了一个可运行的、可操作的，甚至是一个可以自我循环的温暖过程。

◆◇ 适老化智能化服务装置

在南京市玄武区幸福颐养院，我们可以看到许多适老化、智能化的服务装置，它们，让老人的生活更加舒适，让老人的内心也多了许多温暖和快乐。

现在，让我们对这些设施一一评述。

刚进入幸福颐养院，我们观察到有一排很特别的消防水箱，其特别之处在于：水箱上面居然有涂鸦！包含各种颜色的数字、动物、水果等图案。院里给水箱取了一个别致的名称——"失智乐园"。目的就是在老人行走在庭院时，通过视觉刺激，每天每时强化刺激老人们的记忆。

跟随工作人员进入大厅时，我们看到在大厅里摆放着几张原木色的圆弧形梅花桌，作为平时老人聚餐以及活动之用。原木色与院内整体装修风格相统一，突出了暖色调，给老人们舒适温暖的感觉。圆弧形无角度的适老化设计，可以更好地防止老人们意外磕伤、碰伤，同时还方便轮椅活动。

就餐或者举行活动时，还可以随时调整座位，给老人更多的方便。除此之外，一楼大厅有一个电视显示屏的投屏格外引人注意，上面有每位入住老人的照料计划和呼叫连接系统，这个智能化装置与院内健康养老云平台实时互通、融为一体，目的是对老人的照料计划进行实时监护和智能照护。信息的及时提醒，也快速帮助工作人员完成工作，大大提高了工作效率。

大厅放置的书架，听工作人员介绍说是院内的"网红区"，书架上面摆放着绿植、玩具娃娃和小人玩偶。这里被称为"娃娃治疗区"。目的是通过玩具娃娃引导老人练习曾经的技能，如喂奶瓶、包尿布等，达到肢体活动的效果；同时可以安抚老人们的情绪、转移问题行为，让大家都处于一种轻松愉悦的氛围，因此受到大家的普遍欢迎。

另外大厅的每一面墙的凸起处，均安装有白色的软包护角，它的目的是给予老人们提醒：当老人们靠近的时候，产生注意的警示作用，防止老人们因意外触碰而产生疼痛感，对老人们可以起到很好的防护作用。

行至走廊处，走廊两边都安装有黄色的安全扶手，醒目的黄色颜色，可以方便老人们第一时间抓扶。无缝隙的连接，便于让老人们借助扶手的力量自主行走，随时都能够进行自主的康复锻炼，对老人们的体能康复起到很好的促进作用。

进入幸福颐养院的一楼评估室，有一台机器和大厅的电视显示屏相辅相成，其名称为健康监测一体机。可以测量老人们的血压、心跳、脉搏等基本生命体征，测量的结果都会自动上传智慧养老云平台，平台经过后台的数据分析，定期形成老人们的健康报告，并且通过数据管理和分析形成动态评估模式，快速、精准、有针对性地制订老人的护理计划。

乘坐电梯上楼时，我们看到在电梯里面放着一把木质长椅，它长约1米，宽约40厘米。这把长椅的作用有三个。第一，采用黑色软皮设计，让老人们坐上去有沙发的舒适感，减少因电梯的密闭空间而产生的紧张压抑感；第二，方便老人们乘坐电梯时可以随时落座休息；第三，三面安全扶手和椅子的组合，可以在老人们出现站立不稳的现象时，第一时间给予安全保障，增强老人们的心理安全感。总之，即便乘坐电梯的一两分钟时间，也让老人安全舒适。

来到幸福颐养院的二楼，有一个康复花园，里面栽种了不同绿植及鲜花。花盆上都做了标记，贴有姓名卡，院里将这些盆栽都分配给了老人们，让老人们照顾，形成责任负责制。并在适当的季节带领老人们播种，浇水、施肥。通过这种园艺治疗，让老人们老有所为，情感上得以寄托，使他们对生活更加热爱。平台的正面是一所幼儿园，老人休闲时可以在这里观看孩子们做游戏、玩耍。孩子们的笑声，会传递给老人生活的乐趣和明天的希望。这种老幼结合的形式，使老人每天都处在怀有希望的状态下，萌发对生活的欢喜感。

参观老人房间时我们看到，每位老人们的房间门口都有一个信息显示屏，上面有老人们的照片、姓名、年龄等基本信息，在建筑装修样式和风格完全一致的情况下，便于老人通过显示屏上的照片等信息快速找到自己的房间。而且，显示屏上"x"号图

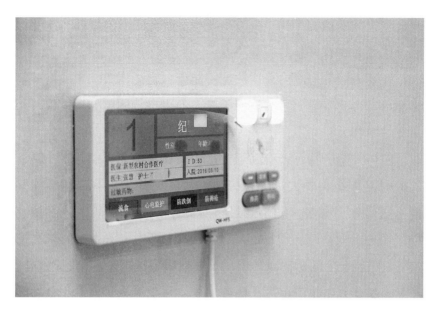

高科技信息显示屏

标的设计，可以在护理人员听到老人按呼叫铃时，随时进行处理，避免铃声真正响起来，影响其他老人的休息。

老人房间的房间门跟一般的门有些不同，它是采用上轨道推拉的形式，目的是方便轮椅进出，使进出达到无障碍。轨道的设计也避免了轮椅进出产生杂音，让老人在音量的舒适区间内生活。

在房间的推拉门中上方的位置，都有一个直径约40厘米的圆形透明玻璃窗，它的设计意义一是便于随时观察老人们在房间内的活动；二是晚上老人休息时，有些老人们睡眠比较浅，工作人员夜间查房时，推门进入可能会影响到老人，这个探视窗的设计很好地解决了这些问题。

在多人间的老人房间里，每位老人床头都设有绿色的隔帘，隔帘上方是镂空设计，目的是尊重每位老人的隐私，让老人在拥有自我空间的前提下满足交友的需求；而且镂空的设计还能够保障每位老人享有充足的视觉亮度。

在老人们的房间内，摆放着智能床，它的床头、床尾以及整体都可以自动升降，目的是便于老人们可自行调整舒适体位，而两侧"自扣式护栏"，可以很好防止老人们自主翻身时跌落。同时，整体升降的特色，有助于护理人员在帮助老人们翻身、转移轮椅时，防止护理人员腰肌劳损。同时房间都设有白色智能马桶，它的作用很多，一是通过自身的杀菌功能预防老人细菌感染、避免出现痔疮、便秘的问题；二是方便对老人臀部和隐私部位的冲洗清洁；三是自动烘干，无须纸巾擦拭；四是坐便圈加热，使老人感受到舒适的温度。除此之外，每位老人房间都安装有暖气片，这在南方可是很少见的，而且房间内还安装了冷热空调。目的是通过集中供暖，在寒冷的冬天能够给予老人充足的温暖，让老人温暖一冬。

和老人交流过程中，一位奶奶向我们展示了脖子上挂着一个小手机，它是智能定位预警手机，因为奶奶患有帕金森症，戴上这个智能手机，就能随时监测到奶奶的情况，当奶奶不小心跌倒时它能自动识别并报警呼救；而且手机上还有自定义的按键设计，可以绑定家属电话，方便老人们与家属快速沟通交流。

◆◇ 专业化欢喜互动区

让老人走出房间，重新参与到集体活动、社会活动中，是老人记忆巩固、欢喜增加、归属感强化的重要方式。但正如给孩子们举办活动很难一样，给这些"老小孩"举办活动更难，更需要专业的更有针对性的内容安排。而幸福颐养的专业社工们在这一点上进行了无数次的实践，最终形成了关于老人的几十个活动内容方案，这些方案，以不同活动不同功效，给予老人丰富的集体活动的晚年"享受"。

目的性强、专业性强、丰富性强的高龄老人"集体"活动，不仅可以强化老人的生理健康，同时会增加强化老人的欢喜和幸福感，而这样的活动有许多种，在广州南沙养老院，社工们开发了以下几十种活动内容。

活动项目	具体活动安排	活动名称	活动内容	活动目的
社工专业小组活动	治疗性小组活动	现实导向板	引导老人们进行时间导向和地点导向的分享。	引导老人们分享现实所见、所闻、所思
		欢乐对对卡游戏	每款图卡一对，老人们看一次记忆板上的卡片，引导老人们记住，盖上后老人们每次揭开两张卡片，找相同卡片。	增强老人们的记忆力
		上街买菜	提供一些塑料的水果或水果卡片，让老人们辨识，告知从中挑选出一些蔬菜及水果并计算总金额。	锻炼老人们的辨识能力以及计算能力

43

老人深度幸福纪

44

活动项目	具体活动安排	活动名称	活动内容	活动目的
		回忆烹饪乐趣	设计两道菜，计划需要购买的食材，分享烹饪这些食物的流程步骤，并且分享喜欢该菜品的原因。	逻辑训练
		哈哈笑回家去	沿着直线向前走，遇到横线便转弯，再到直线向上走，直到终点。	增强老人们的方向感，导向性训练
		建立个人充实日程	老人们分享自己在养老院的惯常日程，提供相关日程图片，让老人们在自己的惯常日程中找出空档，为自己安排新日程。	提升自我肯定及正向思维，建立个人生活计划
	教育性小组活动	击鼓传花	社工播放音乐，老人们传手中的球，音乐停后，球在哪个老人的手中，那位组员就介绍自己的姓名、爱好和才艺表演等等。剩下没有自我介绍的老人，邀请组员介绍自己。	相互认识

活动项目	具体活动安排	活动名称	活动内容	活动目的
		种花大学堂	社工与组员分享一些花的图片，询问组员这是什么花；社工介绍图片的花后考组员这是什么花邀请组员分享自己所熟悉的花。	学习种花技巧和方法
		连连看	给出8张牌，将其中每两张相同的遮盖起来，组员逐张翻牌要盖上，要同时翻出两张一样的牌才算赢，否则要重新翻。	锻炼老人的记忆能力
		天气预报	先让老人围成圈，当社工喊道："晴天"时，让老人保持微笑；起到热场作用。喊"小雨"时，让老人拍拍肩膀；喊"刮风"时，拍拍腿。	锻炼老人的动手动脑能力
		品尝花制食品	社工让组员品尝花制食品，并让组员说说口感，并与其他组员交流。	促进老人间的交流
		花儿"拼一拼"	社工把花的图片分成若干块，让组员拼起来，并询问老人们是什么花。	锻炼老人的动手能力、思考能力

45

老人深度幸福纪

活动项目	具体活动安排	活动名称	活动内容	活动目的
		分享种植花卉的感受	1.让组员拿出自己种的花，了解生长情况，组员分享种植花卉的感受； 2.社工分享种植花卉的感受； 3.总结种植花卉的技巧。	让老人们在种植花卉过程得出经验，获得快乐
手工艺兴趣小组活动	剪纸设计师	剪纸学堂	老人学习运用彩纸、笔、剪刀，剪出漂亮的窗花、春字等，在春节前将这些作品张贴在院舍各个窗户、墙面。	学会剪纸技巧和方法，并增强老人的归属感
	灯笼设计师	灯笼学堂	带领老人运用彩纸、红包袋、剪刀、红绳等制作不同样式的灯笼，在中秋、春节期间把老人们制作的灯笼悬挂在老人们活动的走廊。	学会灯笼技巧和方法，并增强老人的归属感
	绘画设计师	绘画学堂	带领老人学会数字油画，根据数字油画的数字顺序，把图画中的每一个板块填满，完成一幅油画作品，并且将作品悬挂在院舍中，供大家欣赏。	学会灯笼技巧和方法，并增强老人的归属感

活动项目	具体活动安排	活动名称	活动内容	活动目的
团体活动	爱笑瑜伽	爱笑瑜伽	结合瑜伽式呼吸与笑的律动。	让身体和脑部获得更多氧气，给身体和心灵带来益处
	八段锦活动	八段锦学堂	结合康复锻炼与社工服务内容，康复治疗师与社工一同带领老人们运用口诀练习八段锦。	学会八段锦技，并锻炼老人们的身体，增强保健意识
	夕阳红游园嘉年华活动	套圈夺宝	用矿泉水摆成三排，老人在一定距离处用铁圈套小礼物，套中一个，有一分。	提高老人们的积极性，加强老人们之间的交流互动
		抛绣球	划出一块场地，两米的间距，老人和家属分别站在两端，老人抛"绣球"（用纸团做的球），家属用箱子接住纸球，中一球可得一分。	提高老人们的动手能力和反应能力

活动项目	具体活动安排	活动名称	活动内容	活动目的
		小猫钓鱼	将一瓶矿泉水倒下放置在一个平面上，单手持小木棍，通过悬吊的圆环套住矿泉水瓶的上部，并将矿泉水瓶立起，在两分钟内，竖起一个一分。	提高老人们的动手能力和反应能力
		互送祝福	将自己的新年祝福语写（工作人员/家属代写）于卡片上。工作人员协助老人将其挂在心愿树上，可得一分。	记录老人们的美好祝愿
	棋牌大赛	麻将比赛	1.根据报名人数，开设麻将台数；2.社工安排比赛人员入座；3.入桌后抽签决定"东""南""西""北"四个座位，积分多者胜。	丰富老年人的生活，增强老年人的锻炼；为老人提供一个展示自我的机会，结交朋友

活动项目	具体活动安排	活动名称	活动内容	活动目的
		象棋比赛	采用淘汰制，即每一轮剩下一半选手，最终决出冠军。如果人出现单数情况，采取抽签轮的办法，最后3人采用循环制决出冠军，若胜负情况相同，采取查胜负场次的办法决出冠军。	
		锄大地比赛	初赛比赛局数为8局，决赛比赛局数为5局，采用积分制，每局赢者得3分，第一少牌者得2分，第二少牌者得1分，如此类推，积分多者胜。	
	学雷锋志愿活动	种植盆栽	老人们和志愿者共同给植物埋土、浇水、写上心愿卡片等。	
	财神拜年	学会财神歌	带领老人们学会唱财神歌，通过老人的共同努力，完成一首歌唱作品，并且在活动中进行表演、展示。	

49

老人深度幸福纪

活动项目	具体活动安排	活动名称	活动内容	活动目的
	趣味运动会	接力周	活动对象主要是自理老人们，参与者分组进行，参与者拿着球棒从起点到终点接力，最快者为胜。	
		夹气球	分组比赛，两人背对夹着气球，从起点到终点，最快者为胜。	

下 篇
老人常见烦恼痛苦巧妙解决纪

第一章
活力老人烦恼痛苦解决纪

　　在国家颁布的相关《养老机构服务质量基本规范》中，我们看到，其中有专门的章节列出"心理 / 精神支持服务"，并且规定：心理 / 精神支持服务内容包括但不限于：环境适应、情绪疏导、心理支持、危机干预。而具体的服务要求又包括：应帮助入住养老机构的老年人熟悉机构环境，融入集体生活；应了解掌握老年人心理和精神状况，发现异常及时与老年人沟通了解，并告知相关第三方；必要时请医护人员、社会工作者等专业人员协助处理或转至医疗机构，等等。

　　那么，在具体的实际操作中养老机构的困惑是，老人的心理情绪问题非常多，并且很难在短时间内予以解决，而下面来自幸福颐养的诸多实例及诸多解决方法，为解决这一普遍困惑提供了一些巧妙实用的方案。

53

◆◇ 当老人因不适应而整夜在走廊里走动时

有一位奶奶，刚刚入住幸福颐养院不久，表现出明显的入住不适应现象。

虽然奶奶没有直接表达出她的不适与不安，但每当天黑的时候，她就总是在房间外的长廊踱步，一直走走停停，到处张望或驻足思考，有时候很不安，有时候很烦躁……

查房的时候，护理人员就去询问奶奶到底是怎么回事。

奶奶忧虑地回答："我在等我弟弟回家，我要给他留门。我不敢睡，我怕我睡着了就没有人给他开门了。"

护理人员把奶奶的情况告诉给社工。

社工特意向奶奶家属了解情况，得知奶奶一直都很依赖家里人，同时，也很照顾家里的人。后来奶奶患上了认知障碍，为了更好地得到护理与照顾，奶奶就被家人送到了幸福颐养院。现在奶奶出现这些情况，应该是太想念家里人了，所以才会每天晚上都惦念着要留门等家人回家。

社工把这些情况反馈给了护理人员。

护理人员再遇到这些情况的时候，就对奶奶说："我们刚刚打电话给您的弟弟了，他说今天要加班，所以晚一点回家，让您不用等他了。"

奶奶有点怀疑地问道："你认识我弟弟啊？你怎么认识他的呢？可是，我睡觉就要锁门，他怎么回家啊？"

护理员拿出一串钥匙，回答奶奶说："您看，我手上有你房间的钥匙，如果您弟弟回来了，我们就会帮他开门的，您放心吧。"

奶奶看到工作人员手上有开门的钥匙，而且知道弟弟为什么晚回家，就安心地上床睡觉了……

◆◇ 当老人夜里胡乱按呼叫铃时

（一）

有一位新入院的爷爷，因为刚刚开始入住，对院内的环境、房间、饮食、作息等事情，存在一定的不适应。因此常在半夜有事没事就经常按铃，如此，既影响工作人员工作，也影响同房老人的休息。

在家属到院探访的时候，通过与家属沟通，护理人员了解到：老人的文化水平比较高，以前常常会看书，退休在家时也喜欢看书看报纸。

得到这一信息后，护理人员就从图书室拿来一些书籍给爷爷，每天也准时把院里订阅的当天报纸拿给他阅读。

他阅读报纸书籍的时候十分认真，一段一段慢慢看，有时候还会和护理人员讨论一下里面的内容。如此，他和护理人员的关系越来越好，人也不那么急躁了，一点点回归到过去很有气度很讲道理的状态。

慢慢地，他也只在有需要帮忙的情况下才按铃，没有再出现乱按铃的情况。

当老人突然转到一个陌生的环境中时，大多会产生排斥感，对此，应当让老人做一些在之前熟悉的环境下经常做的事情，分散老人的注意力，回归习惯性的心智状态，如此，老人就会很快地适应新环境了。

（二）

还有一位爷爷，刚刚入住养老院的时候，也是不停地按铃。其实，爷爷并没有什么需求。

每次社工来到爷爷的房间，询问爷爷："爷爷，您为什么按铃啊？是不是尿片湿了？还是想找人帮您开电视呀？"，爷爷都否认地摇了摇头，但是却不说为什么按呼叫铃。

后来社工就耐心地告诉爷爷："爷爷，呼叫铃是不能随便按的，真的有需求的时候才能按铃哦，否则，如果其他老人有紧急需要的时候，您总是按铃，我们就没有办法听到其他老人的按铃声。"

听完社工的解释，爷爷才慢慢开口说道："其实我也不想打扰你的工作，给你造成麻烦。其实……我就是想叫人来看看我，你什么都不用帮我做，我就是想找人陪我聊聊天而已。我刚刚来到这里，不敢和其他老人说话，所以我觉得无聊啊！"

无聊，才会无理啊。

社工理解地对爷爷说："爷爷，您知不知道我们院有许多社工的？我们会组织开展很多多姿多彩的活动，其实您可以多参与我们的集体活动，这样您就不无聊了。或者让我们的护理人员多推您出去走走，就算在大厅也好呀，那里有很多人在活动，有做操的、玩游戏的、打牌的……外面有那么多好玩的东西，不如，

处处点缀绿意的走廊，让人心情愉悦

干净明亮的就餐环境，老人吃得开心

我现在就推您出去吧?"

爷爷默许后,社工就推着爷爷到大厅,带爷爷认识其他在大厅里活动的老人。

之后,社工又鼓励爷爷多与他人沟通,还帮助他找到了几个兴趣相投的"老友",经过这些"科学干预"后,爷爷按铃的次数真的减少了,有的时候,护工找他回去的时候,他还不高兴,因为,他正和几个老朋友玩得开心呢!

◆◇ 当老人因不适应而夜里焦躁时

一位奶奶刚刚入住幸福颐养院,因为是第一次离开家里,来到一个陌生的环境居住,她对这里的一切有点不适应,晚上总是睡不着,有时坐在床边,有时坐在门边的椅子上,谨慎地四处张望。

当医护人员查房经过的时候,询问奶奶为什么还不上床睡觉。

奶奶难过地回答:"这里不是我的家,而且我怕黑,躺在床上,我就觉得浑身不舒服。"

医护人员握着奶奶的手,领着奶奶走到房间外,指着门牌卡信息,告诉奶奶:"您看,这个门牌卡上面是不是有您的名字呀?再看看,这个床边挂的牌子上,是不是贴着您的照片和您的名字?这个床就是您的床。这里就是您的房间、您的家哦。所以不要害怕,我们一直陪着您呢。"

待奶奶上床睡着以后,医护人员才离开。

因为奶奶怕黑，所以房间内的一盏地灯会彻夜亮着。

交班的时候，下班的医护人员都会交代好新接班的医护人员，晚上巡查的时候多关注这位奶奶。

白天的时候，护理人员也会常常与奶奶聊天，告诉奶奶说："这里就是您的家，您放心在这里住吧。"

通过持续多日、接力式、多方位地关怀，奶奶的温暖感和安全感逐渐加强，两周以后，当医护人员巡房的时候，发现奶奶已经可以自行上床熟睡，夜间也不再起床，一觉睡到天大亮。

◆◇ 当老人总误以为尿湿纸尿裤时

刚刚入院的时候，有一位爷爷经常按呼叫铃，呼叫护工。

当护工赶过去的时候，爷爷说："我要换尿片。"

护工很熟悉爷爷的情况，告诉爷爷："爷爷，您的尿片没有湿，等一下我们再过来帮您看看有没有湿，好不好？如果湿了就帮您换。"

但是爷爷坚持认定自己的尿片已经湿了，要求护理人员马上换。

护工只好对爷爷说："好的，那现在就把您的尿片脱下来看看，好不好？我们一起来看看它有没有湿。"

脱下来之后，爷爷看见纸尿裤仍然是干净的，才明白原来是自己感觉错了，就让护工回去工作了。

但几分钟之后，爷爷又按呼叫铃，要求换尿片。

护工再次对爷爷做出解释，并与爷爷一起查看纸尿裤是否有变湿的情况。

爷爷因为刚刚入住养老院，也是刚刚开始穿纸尿裤，所以对于纸尿裤是否弄脏，在判断上并不准确，同时，也不确定自己是否有尿失禁的情况，所以总认为自己的纸尿裤湿了。

对待这样的情况，护工表现出了极大的耐心，并且每一次都给予系统的"演示"：

一、耐心解释。

二、实际操作。

三、和爷爷一同检查纸尿裤。

四、反复如此多次。

如此耐心地、如此反复地一次次让老人眼见为实，爷爷渐渐明白了自己的多虑，更主要的，去除了对护工是否偷懒的怀疑。

慢慢地，爷爷适应了院内的生活，并且与其他老人熟悉了起来，就没有那么多时间去猜测纸尿裤的问题了，最后，再通过康复训练，爷爷可以自己慢慢拄着拐杖上洗手间了，穿纸尿裤的次数也减少了，这个问题就彻底解决了。

◆◇ 当老人排斥养老院时

在养老院里，一位奶奶刚来的时候，就像三岁的小孩被刚送进幼儿园里一样，特别不适应养老院的生活，对护工有着很强烈的排斥感。

她以自己患有帕金森病、高血压、脑中风后遗症为由，故意将大小便拉在裤子上,以此发泄对入住养老院的不满。

对此,护工也曾退缩和无助过,但得知她是不愿意离开家,内心充满了悲伤时,护工选择了微笑面对。

平日里,在空闲的时候,护工会陪她说话,唱歌给她听。

因为她患有血栓,遵照医嘱,护工会叮嘱奶奶要吃清淡些。可是,她对清淡饮食很是抵触,到后来就甚至把饭菜扔到一边去,还对护工大发脾气。每当这个时候,护工总会很耐心地向她解释:

"奶奶,您有脑血栓,血脂稠,血压也高,得吃清淡些。"

不解释还好,越解释她越破口大骂。

对此,护工有些无可奈何。

通过长时间的观察,护工分析:奶奶也许是想家了。于是,院里特意和奶奶的家人沟通,让家人集体来养老院看望老人!不过,当亲人离去后,奶奶的心情仍然很低落。

这时,护工来到奶奶的房间,坐在了她的身边⋯⋯

奶奶开始向护工倾诉她内心的痛苦,她越说越激动,越说越伤心,泪流满面,护工也跟着奶奶掉了眼泪。

之后,护工发现奶奶不那么排斥她了。以后不管吃什么饭,她都说味道很好,跟邻房的老人在一起聊天时,常常说:

"我真是遇到了一个好护理员,关心我的病,还知道我什么时候想家人,还和我聊天让我高兴,她是个大好人。"

这是奶奶对护工发自内心的肯定与称赞。

护工也因此明白,有的时候,照顾老人很简单:和他说说贴心话知己话,做他的忘年交,之后,就都好办了。

61

◆◇ 当老人害怕孤独时

有一位奶奶，刚来院里的时候，是有小洁癖的。那个时候，社工扶着她下楼一起做操，社工每扶奶奶一次，奶奶都会用湿毛巾擦一下她的手。

久而久之，社工就知道奶奶的洁癖，社工平时很注意这个问题。

奶奶过年的时候回家了，回家之后生了一场病，再回到院里面的时候，社工突然听说奶奶得了肺癌。

奶奶的时间不多了……

社工心里面真的挺难受的！只要有时间，社工就经常过去陪陪奶奶。

每天早上，在外面做操的时候，社工都能看到奶奶趴在窗户上面一直看着他们。

从家里回来之后，奶奶的头发也不像以前那么利落、不像以前那么干净了。最让社工印象深刻的是，社工发现她害怕孤独了。以前她很怕被别人打扰，现在，她就希望大家能多多去陪陪她。

社工问奶奶："我们在外面组织那些文化娱乐活动，您怎么不跟我们一起去呀？"

奶奶遗憾地回答："我的眼睛不好了。"

奶奶告诉社工说，她很想看《红楼梦》，社工就立即去买《红楼梦》，拿来给奶奶看。

早上做完操，社工问她屋子里怎么不开电视？她说怕浪费电。社工说"您把电视打开，屋子里面有声音，您就不会感到那么孤单了。"

奶奶笑了……

社工对奶奶说："以后，我们有时间，都来看您。"

从那以后，社工真的每天都去陪伴她，让她知道，无论生命还有多久，她永远不会孤单。

◆◇ 当老人不适应养老院时

（一）

有一位奶奶，刚来院里时，总是担心这个，担心那个。或许是因为刚离开家，对这儿的环境又不熟悉，奶奶很是焦虑不安。

为了帮助奶奶减轻焦虑，放松下来。社工给奶奶介绍了一下院里的情况，又带着奶奶去看了一下周围的环境和用餐区。

奶奶的不安和焦虑就慢慢消除了。

社工和奶奶在房间里面聊天，奶奶给社工讲了很多她以前的事情。慢慢地，奶奶开始信任社工，给社工讲了她的兴趣爱好。社工发现，奶奶非常喜欢看小说。

谈到小说，奶奶立即问社工："这里有没有小说可以看？"

社工肯定地回答："二号楼大厅里面有个阅览室，不过，这会儿估计关门了。奶奶，我前几天买了一本小说，刚看完，您看不看？如果您想看的话，我可以借给您。"

奶奶高兴地说："那太好了，太好了……"

社工马上回去取小说。

很快又回到了奶奶的房间。

奶奶拿到书，立即翻开阅览了一下。之后，她高兴地握着社工的手说："这是毕淑敏的小说，我读过几本她写的小说，都很好看。但是这本《恰到好处的幸福》，我还真的没看过。你买的这本小说真好。这句话写得不错，你看，'深深的话我们浅浅地说，长长的路我们慢慢地走'，人的这一辈子真的是这样的，你着急也着急不到哪儿去，都得慢慢地走。"

听完奶奶分享对生命的感悟，他们俩都开心地笑了。

奶奶感激地说："小任，真的是谢谢你了！有了这本小说，我接下来这几天就会好过了。"

社工微笑着说："奶奶，不客气，只要您开心就好。您也别着急，等过几天，您对这里熟悉了就好了。幸福颐养院真的挺好的，也蛮热闹的，只是您刚来，还不熟悉而已。"

奶奶认可地说："我知道，我今天刚来就感受到了，真的很高兴来这儿，这儿的人真的特别好，特别懂礼貌，也很尊重人。我感觉我是来对地方了。"

听到奶奶这么说，社工真的很欣慰。能帮到这位奶奶，社工真的很高兴。终于体会到：原来幸福也可以很简单，没有我们想象的那么复杂，有时，就是你为她递上的一本书……

（二）

有一位奶奶，刚刚进入养老院的时候，对院里的一切都感觉不适应，总是说想回家。

于是，社工白天上班的时候，会跟奶奶一起吃饭，边吃饭边和奶奶聊天，了解奶奶的饮食习惯和生活习惯。

为了掌握奶奶晚上睡觉的情况，社工晚上主动申请留下来值夜班，并且搬到奶奶入住的宿舍，和奶奶一起睡觉。

奶奶每天晚上都会起来好多遍，整夜吵着要回家……社工就坐在奶奶的床前，听奶奶倾诉着内心的感受，给奶奶安慰。

奶奶见社工每天都这样陪着她，给她无微不至的关心，慢慢地，就向社工透露了一些她的心声。奶奶告诉社工，以前她一直都是跟自己家里的人居住，这是她第一次离开家，所以她心里非常焦虑。

奶奶来到这个新环境，虽然觉得这个环境挺漂亮的，各个方面都挺好的，但是她没有朋友，也不知道自己该做些什么，能做些什么。奶奶就想，是不是因为自己对家里没有贡献了，家里人觉得她是一个累赘，所以才把她送进养老院。

社工把奶奶的想法跟家属进行了沟通。大家建议奶奶的家属多跟奶奶沟通，协助奶奶逐步减少她的陌生感，并且让奶奶明白，家人把她送到养老院，是因为家人担心她自己一个人在家里发生意外。

65

后来，社工又了解到，奶奶信仰佛教，平时会烧香拜佛。正好院里也有一个佛堂，所以社工会定期带奶奶到院里的佛堂去拜拜观音，满足奶奶精神信仰的需求。

另外，社工们也找到了适合奶奶参加的活动。经过了一段时间之后，奶奶慢慢适应了院里面的生活，她也交到了自己的朋友。

现在。奶奶不像刚入住的时候那么焦虑了。而家属来看望的时候，发现奶奶每天的生活都很规律，过得还很充实。

奶奶也时常对社工说，她觉得，自己好像又有了一个新家。

◆◇ 当老人抗拒被护理员照顾时

有一位奶奶，以前一直是家里的管家。因为年龄大了，身体的功能逐渐丧失，而且患有认知障碍，她的家人没有办法很好地照料她，所以就把她送到了养老院。

护工刚开始帮她做护理工作的时候，奶奶非常抗拒，甚至会出现一些比较粗鲁的行为，包括拉扯护工的头发。可能她觉得这些工作人员都是陌生人，护工来帮她做护理工作，其实是为了偷她的东西。

这个时候，有一位护工主动接下了这位老人。

通过接触，护工了解到，奶奶的性格十分倔强，所有事情都必须顺着她的心意。刚刚开始照顾她的时候，奶奶经常无缘无故谩骂，甚至拿东西砸护工。而发生冲突的时候，护工总是在旁边耐心观察，尽量顺着奶奶的心意去做。

慢慢相处一段时间后，护工发现奶奶对自己的东西十分看重，她不愿意别人碰她的东西，而且要求必须把她的东西摆放得特别整齐。同时，如果她认为某样东西是她的，无论护工怎么解释她都不会听。而且一定要把她认为是她的东西放在身边，要护工帮她锁好，她才不会吵闹。

了解到老人有这些特点之后，工作人员在护理服务上面就尽量去满足她，等到奶奶的情绪稳定之后，再悄悄将不属于她的东西放好、归位。

接触过一段时间以后，奶奶慢慢地开始信任护工了，愿意让护工去帮她收拾东西。当她与其他老人发生争执的时候，也会主动请求护工的帮助。

护工把处理这些事情的经验传授给她的同事们：凡事，先顺着她的心意，之后再和她沟通；平时，完全按照她的要求做事情，过一段时间后取得老人信任，再微调，如此就好办了。

♦◇ 当老人不想进行康复训练时

（一）

有一位奶奶入院前摔伤了腿，但是，奶奶却拒绝做腿部方面的训练，她的家属希望院里的康复师能帮助奶奶做一些康复训练。

康复师为奶奶做了检查之后，告诉社工，由于奶奶双腿长时间没有走动，在前期需要更多的站立训练。于是，在与家属沟通后，每天，康复师都准时为奶奶做腿部康复训练。

刚开始训练时，奶奶由于怕痛非常抗拒，对此，社工想了一个办法。

社工去看奶奶，对奶奶说：

"奶奶，您想自己走路去吃饭吗？想不想走出去看看外面的花花草草啊?"

奶奶渴望地回答:"我的腿如果能走的话当然想,谁愿意一直躺在床上?"

社工接着说:"那康复师现在帮您做腿部训练,您要好好练习,腿才会恢复。能走了,就可以到外面的公园散步了。现在不能偷懒哦!"

奶奶沉思了一下说:"那……行,我先试试。"

后来,她在康复师的搀扶下站起来,尝试迈出第一步,但还没有走,她就大声地说:

"哎呀,好痛啊,救命啊!"脸上展现出非常痛苦的表情。

这个时候,康复师也耐心地跟她说:"奶奶,我扶着您慢慢走,不会很痛的。再不锻炼的话,您的腿脚会越来越不灵便的,最后就走不了路了。"

经过康复师的反向"威胁",奶奶终于踏出了勇敢的第一步。

之后,每一天,社工都会抽时间来看奶奶做康复训练,并且鼓励奶奶一定实现那个目标:自己走到花园去,去看那些花花草草!

一定要实现那个目标!

每一天,奶奶都在那个目标下努力着,护工还不时拍些外面花草的照片,拿来给奶奶看,如此,奶奶就更有动力了!

通过社工与康复师的"正反鼓励",奶奶的行动能力和以前相比,有了较大的改善,性格也因此开朗了许多,她已经开始主动申请训练了,距离"自己看花草"的目标,越来越近了。

(二)

有一天,中午起床之后,护工来到了一位奶奶的房间。

奶奶腿部做过手术，手术三个月后住进了养老院，医生嘱咐她要多锻炼，多做康复训练。但她很胖，不太想动，即便借助于助行器，最多也只能走30米左右。

护工对她说："奶奶，今天要在楼道走一个来回，这是今天必须完成的任务。"

奶奶生气地说："锻炼锻炼，一天到晚叫我锻炼，我又不是不知道锻炼，我又不傻，但是我站都站不起来，还怎么锻炼？往地上一站，腿就疼得不行，站都站不住。"

护工耐心地对奶奶说："奶奶，您今天如果能走一个来回，我到楼下借一个轮椅，推你到园区后边去转一转，好不好，后边开了一种花，很漂亮，你肯定没有见过！"

奶奶不屑地说："花有啥好看的，我不去。"

护工看这招儿不行，又对她说："后边餐厅的师傅说下午要做小鸡炖蘑菇，她知道奶奶在家里面很喜欢做饭，对做饭很有研究，所以想请奶奶去给厨师做个指导，好不好，一会锻炼完就去！"

听到这些，奶奶立即来了精神，跃跃欲试地说："好的好的，让他们等着我，你去给他们说，我做的这道菜可香了。"

护工借机说："那我们就赶紧锻炼。"

奶奶同意了，护工扶着奶奶在楼道里面走了一个来回之后，护工用轮椅推着她走到楼下。

到楼下后，逛了一会儿，奶奶突然说："哦，原来今天天气这么好，是该出来转转了，是该好好锻炼了……"

之后，她就开始主动要求训练了。

让老人做一件他并不喜欢的事情，可以用他喜欢的一个事情做"引导"，之后的事情，就好办了。

（三）

还有一位奶奶，每天康复训练的时候，她看见护工过来了，脸上立即表现出很不情愿的表情。这个时候，护工就故意逗逗她，和奶奶开个玩笑，有的时候，会紧紧地拥抱她一下，像哄娃娃一样哄她。

这样的身体语言，在督促她锻炼的时候，会反复用到。

终于，有一天，奶奶望着护工，眼里闪烁着泪花，说："你放心，（对你的要求）我不生气，我把你都记在心里了，我知道，你是为我好。"

有一天，喝下午茶的时候，护工刚下电梯，看见奶奶在等候椅上坐着。奶奶也看见了护工，立即躲在旁边人身后，笑得非常开心。因为护工要去看望另外一位老人，就没有顾上和奶奶说话。

护工忙完之后，专门去找奶奶，奶奶还坐在等候椅上。

护工好奇地问："奶奶，您刚才在笑什么？看您笑得这么开心。"

奶奶故意做出一副不告诉护工的表情。

护工挎着奶奶的胳膊，撒娇地说："奶奶，您告诉我嘛，您告诉我嘛……"

奶奶憋不住了，又呵呵地笑了起来，边笑边说："我看见你来了，想躲着你，没想到，还是让你发现我了。"

她们俩同时开心地笑了起来。

这个时候，奶奶递给护工一杯牛奶，关心地说："你这么辛苦，喝点牛奶吧，还热乎着呢。"

护工把牛奶又推给奶奶："我不喝，还是您喝吧，您喝了，有力气了，就可以多走一些路。"

奶奶很开心地说："还是你喝了吧，你比我辛苦。"

护工看见奶奶只有牛奶，没有吸管，就拿着牛奶盒离开了，找到了一根吸管，插进了牛奶盒里面，然后又回到奶奶身边。

护工把插好了吸管的牛奶重新递给奶奶："好了，有了吸管，奶奶您可以喝了。"

奶奶感动地说："我以为你把牛奶拿走喝了，原来你是给我找吸管去了，你真是个好孩子……"

之后，奶奶经常对护工说："我把你放在我的心里了，所以，你说的话我都要听，包括让我走路锻炼，我向你保证，只要我能动，我以后多走！"

爱在持续，锻炼在继续。

◆◇ 当老人夜里睡眠不好时

一位爷爷在过年期间入住幸福颐养院，他的个子很高，眼睛很大，长得很帅，但他患有帕金森症，平时出行只能坐着轮椅。

他刚来的时候基本上整日卧床，为此，护理人员有点着急，因为爷爷还是有活动能力的，但爷爷害怕摔跤，所以不愿意动，也不敢动。

每天早上，大家都会一起鼓励爷爷，并且协助爷爷做健康操，爷爷为此也很开心。

没事儿也要来转转"小会场"，很放松

温馨的环境，家一般的温暖

但爷爷有个很大的烦恼，就是睡眠质量特别地差。白天状态很好，和别人有说有笑。一到了晚上，爷爷就不安生了，一会儿要起床，一会儿要睡下。

在和家属沟通之后，家属特意将爷爷带到院外，去睡眠专科做了检查，医生给爷爷拿了一些有助睡眠的药物。

爷爷回到养老院后，每天下午，护工都会带着爷爷去屋外晒晒太阳，参加康复娱乐活动，还组织工作人员协助老人从轮椅上站起来、锻炼走路。爷爷对大家说："很感谢你们，我出来走一走，运动运动，脑子也没有那么沉了，再晒晒太阳，又感觉身体很舒服。"

晚上临睡前，护工会按时遵照医嘱，给爷爷吃辅助睡眠的药物。

第一晚，爷爷睡得不太好。

第二晚，爷爷安然地睡了一夜。

早上起床后，爷爷激动地对护工说："我昨天晚上睡得特别好！难怪你们不让我天天躺着，确实应该动一动，现在感觉特别有精神，我今天还要跟你们参加活动去。"

护工开心地笑了，像哄小孩一样对爷爷说："爷爷，您长得这么帅，精神那么好，我们一定要每天都出去参加活动，过两天我们还要听您讲故事呢。"

爷爷一口答应了下来。

如此，白天晒太阳、适当下轮椅活动，晚上辅助一些安眠药物，爷爷很快就拥有了好的睡眠。

平时，护工也总是喜欢逗爷爷开心。

比如，护工逗趣地问爷爷："爷爷，我们院里的老帅哥是谁呀？"

73

爷爷俏皮地回答："是我。"

"回答正确！"

◆◇ 当老人审视护工的工作时

有一位爷爷，他刚来的时候，身体处于大小便失禁的状态，行动迟缓。而护工为他处理大小便的时候，老人总会认真地审视着护工，好像在揣摩护工究竟是个什么样的人。甚至，有一点考核的味道。

为此，护工显得很局促，满头大汗，甚至有点不知所措。

之后，在帮助爷爷洗漱、洗澡的同时，护工不再沉默，开始主动与老人交谈、聊天，并且主动说着自己的一些故事和经历，慢慢地，老人放下了不信任及审视的表情，和护工有了更多的语言沟通，包括，他也开始自报姓名，也说着自己的事情。

如此多日，双方交流得也越发深入，都说了许多贴心的话。这之后，老人就非常配合了，包括愿意按照护工的要求，按时坐在为他准备的多功能智能马桶上，进行如厕的条件反射刺激练习，经过多次练习之后，一周后，爷爷找到了感觉，大小便失禁得到了有效控制，爷爷的脸上露出了久违的笑容，笑得那么开心。

这个事情让护工深受启发：其实，照护老人，首先要建立沟通的氛围，两个人的心要零距离接近，只有取得老人内心的信任，生活上的照料才会更顺利。

现在，爷爷已经能够自主大小便（通过定时吹口哨条件反射），甚至，有时大小便时，护工会和爷爷一起喊号子：

爷爷加油！

爷爷加油！

◆◇ 当家属对护理有疑虑时

奶奶今年 80 岁了，将无力照顾的老伴送到了颐养院，但奶奶对护工能否照护好爷爷持怀疑态度。

爷爷刚入住时面色灰暗，坐着轮椅不能行走，不会交流，不会自己动手吃饭，大小便不能控制，生活完全不能自理。

如此，护工明白，必须让爷爷的自理能力有所改善，才能让奶奶彻底放心。

在照护过程中，护工做了以下的事情：

首先教爷爷使用勺子筷子，并且，时不时帮助爷爷按摩拍打臀部腿部肌肉，逐渐鼓励他移步行走；定时给他信号上厕所大小便；和其他护理员一起逗他开心，像教孩子一样教他说话；帮助他使用魔方及其他玩具，让他不停地活动手指。

通过一个多月的精心护理，爷爷从入住时只能坐轮椅，到可以在护理员的搀扶下行走；从不会动手吃饭，到会使用勺子筷子；从把大小便拉到裤子里，到能按时排解大小便；从不说话，到开始与人有表情的交流……

这一切的变化，奶奶一件一件看在眼里，最后，她发自内心地感激护工们说："你们的护理服务质量太好了，比我们家属都用心地照护着，太感谢你们了。"

护工笑着向家属由衷地表示：这些都是应该做的，有您这样

75

一句话，之前的一切努力，都值了。

◆◇ 当老人偷偷吸烟时

一次，社工接到护理员的反映，说发现一位奶奶有在院内吸烟的行为，社工开始对这个情况进行跟进。

社工来到奶奶的房间，问奶奶："奶奶，您知不知道咱们院有规定的，禁止吸烟、严禁烟火、注意用电啊？"

奶奶立即回答："知道！前两天你带我们做活动的时候说过。"

社工说："那您有没有看到，咱们楼层走廊都贴有禁烟的标志呀？"

奶奶也立即回答道："看到了，看到的。"

社工问奶奶以前是否有吸烟的习惯，奶奶说："以前在家里有吸烟的习惯，来到院里后就没有了。"但是社工刚进房间时，就已经闻到了很浓的烟味。

社工不着急，继续和颜悦色地和奶奶聊天："刚刚我进房间的时候，闻到一股烟味儿，您闻到了吗？"

奶奶坚定地回答："不知道，我没有闻到烟味。"

社工装作好奇地问奶奶："没关系，那向您求教，您以前在家里吸烟，现在不吸烟，您是如何戒掉的？"

这个时候，奶奶脸上浮现出一点悔意，愧疚地说："其实，现在偶尔也会吸一两口。不过都是偷偷地吸，因为知道你们不允许吸烟。"

社工没有生气，反而立刻肯定了奶奶勇于承认吸烟的行为，还竖起了大拇指，之后，向奶奶列出吸烟的危害都有哪些……

奶奶表示以后会戒烟。

社工顺势提示着："以后，我们可能会让护理员和其他爷爷奶奶一起来监督您的哦，咱们一起努力，好不好？"

"好的！"奶奶点着头。

对老人不好行为的干预，始终都顺着老人说，始终维护她的自尊，老人就会很配合了。

之后，社工对这个事情继续跟进，同时力求丰富奶奶的业余生活，带领奶奶更多地融入群体生活，奶奶就真的不再偷偷吸烟了。

◆◇ 当老人在床栏上晾晒尿片时

有一位奶奶患有认知障碍，平时会做出一些不合理的行为，比如乱翻别人的东西、偷吃同房其他老人的零食、把自己的衣服全部放在床上等等。

社工为此找到了奶奶，笑着问奶奶："奶奶，您昨天晚上是不是在房间里面晾晒尿片呀？"

奶奶也笑了，默认了。

社工想起，奶奶平时经常提及一位叫作戴老师的人，戴老师对奶奶来说很重要，并且，按照奶奶的说法这个戴老师很威严，也很有威信。

社工决定借用戴老师来"劝解"奶奶。

社工说："奶奶，今天戴老师打电话给我了，他知道你在床上晾晒你用过的尿片。这样做是很不卫生的。他表示不喜欢您这样做。戴老师让我转告您，不要在床栏上晾晒尿片，还说，再这样的话，戴老师就不喜欢您了。"

奶奶立刻问道："戴老师真的打电话给你了啊？那他还有没有批评我其他事情？能不能也让我跟他说说话啊。"

社工告诉奶奶戴老师在忙，但是戴老师说了，如果奶奶以后不再乱动别人的东西了，也不晾晒尿片了，就过来看她。

奶奶听后，马上表示：自己以后再也不晾晒尿片了！

之后，社工经常用"神秘的戴老师"来提醒奶奶，巩固劝慰的效果，如此看，用老人尊敬的人予以劝诫，效果明显啊！

◆◇ 当老人执意"点蚊香"时

点蚊香这件事，对于老人来讲存在很大的火灾隐患。当一位爷爷执意要点，并且面对护理人员的阻止，他的情绪非常激动。社工了解护理人员反映的情况后，立刻去找爷爷聊天。

社工首先告诉爷爷，院方近期专门开会讨论了灭蚊事项，具体措施包括：统一喷药灭蚊、购买安装蚊帐等等。

听到了这样的信息，爷爷焦躁的情绪慢慢稳定下来了，也愿意继续听社工讲。

接下来，社工告诉爷爷房间内不能点燃蚊香，因为可能会出现安全隐患，比如火灾、烧伤等。并且举例说，如果爷爷的被子不小心掉到地上了，可能会被放在地面上的蚊香烧着，进而烧到他自己，那样的话，多危险啊。

说完这些之后，社工拿出了一瓶花露水，递给了爷爷，并且做示范，告诉爷爷如何使用这瓶花露水防蚊。

隔了一天，爷爷拿着花露水来找社工，告诉社工，他昨天晚上睡觉的时候用花露水了，有很好的止痒和防蚊作用，十分感谢社工的帮忙。但是他不好意思用工作人员的东西，因此问社工能不能自己用钱买下来，这样他的心里会好受一些。

社工告知爷爷：没关系的，让爷爷先使用这瓶花露水，待蚊帐安装完毕后，再把花露水还给社工就可以了。

爷爷笑着点头，再次表示感谢，还说，之前是自己太着急了，给你们添麻烦了。

看着离去的爷爷的背影，社工心里想：其实，这是一个多么通情达理的爷爷。同时也总结这次成功劝诫的经验：情绪疏导与实用方法并用，才有效果。

◆◇ 当老人不愿意融入集体时

（一）

院里有一位爷爷，在入院时性格活泼，院里的活动都很积极地参与，但是后来，爷爷的腰很痛，就外出就医了。回院之后，疗养了一个月左右的时间，情况逐渐好转，但爷爷的情绪开始变得低落。

社工多次邀请爷爷参加小组活动，爷爷都以腰痛为由拒绝了。

关于爷爷的腰伤情况，社工咨询过医生，医生给出的建议也是要爷爷多参加活动，不要经常躺在床上。

社工花了一个早上的时间与爷爷聊天，但效果并不明显，之后，社工得知爷爷喜欢打一种扑克牌，就又花了许多时间，走访了整个楼层的老人房间，终于，为爷爷找到三位愿意打这种扑克牌的爷爷。

此后，爷爷每天下午都会走出屋子，到大厅里，和那三位老人一起玩扑克牌。

有了出来活动的第一步，爷爷自然地又关注和参加其他一些活动了，并且最终重新恢复了乐观的性格，整个大厅里，再次传出了爷爷爽朗的笑声……

对这个成功案例，社工进行了总结：如果让老人参加活动，一定要从老人最喜欢的那个活动入手，千方百计为他创造相关的机会，使得他进入到外出活动的氛围和习惯之中，之后，其他活动的开展就水到渠成了。

（二）

二楼住着一位 90 岁高龄的爷爷。一连几天，每次到饭点前才能看到他的身影，任何活动也看不见他的参与。

出于好奇，下午上班后，社工便来到爷爷的房间门口，敲了敲门。

"进来。"爷爷说。

社工打开门，看到爷爷正坐在椅子上看电视。

"爷爷，我是小张，我来看看你。"

"好好好……"爷爷高兴地连说了好几声。

"爷爷您午睡过了没有？"

爷爷点了点头："嗯，睡过了。"

"睡得怎么样？"

"还行，蛮好的。"爷爷很有礼貌地回答。

寒暄过后，社工便直接问爷爷："爷爷，平时怎么不见您下楼来坐坐，每次只有到了饭点前才能看到你，也不见您参加任何活动。"

爷爷不好意思地笑了笑说："我腿脚行动不方便。以前医疗不发达，我得了小儿麻痹，现在就成这个样子了，就不太想下去，下去也没有什么意思，我看看电视也挺好的。你们帮我量下血压，就行了。"

社工对爷爷说："那下次您可以在饭点前早点下来，我们陪您聊一聊天，吃完饭以后您多坐一会儿，和我们一起做做活动，或者我们有空去空中花园坐坐，给您读读书，陪您看看报。"

"好，这样可以，这样，我就愿意出去了，你们对我真好。"爷爷欣慰地点了点头。

从那儿以后，巡视查房的时候，或者有时间的时候，社工就去房间里看爷爷，陪他聊聊天，带他出门走走，陪他一起参加活动。现在，爷爷已经能够主动融入到大集体里了。

81

◆◇ 当老人爱撕纸时

有一位奶奶，平时有一个不好的习惯：每天中午都要撕纸。她房间的床上、地面上到处都是纸屑。护理员经常要跟在她的后

幸福颐养的 100 个故事

面收拾残局，每次都非常无奈。

社工了解了相关情况之后，便问奶奶："奶奶，您为什么那么喜欢撕纸呢？"

奶奶说："我中午不睡觉，又没其他事做，撕撕纸，打发下时间吧。"

社工灵机一动，问道："奶奶，那您有没有撕过日历呢？"

奶奶说："有啊，每天撕一页的嘛，我以前在家的时候都撕过。"

社工立刻去买了一本日历，挂在楼层大厅的墙上，之后，对奶奶说：

"奶奶，以后您每天中午来帮我们撕日历吧！"

"好啊！"

从那以后，每天中午，奶奶都会来大厅撕日历，撕完日历后，社工护工又提醒她不要再撕纸了，她都能很配合，毕竟，她已经撕过一次了。

大概过了一个多月，奶奶应该觉得这样撕东西也没什么意思，玩腻了，于是，既不再撕日历，也不再撕其他纸了，这个问题就解决了。

先用合适方式满足老人的某种需求，进而改变老人不合适的方式，这个方法很有效！

◆◇ 当老人的日常生活单调时

为了丰富老人在养老院内的日常生活，也为了锻炼老人的大脑功能，社工特意组织院里的老人去照料自己门前的花。

房间外面是一个走廊，在走廊上，每个房间的对面，都有一盆花，那些花盆上面，都贴上了负责照料这盆花的老人的姓名。

工作人员带领老人们认识他们门前那盆花，并且告诉老人：

"这盆花上面贴了您的名字，这盆花就是您的，您平时负责给它浇水啊。"同时，社工也会提醒那个楼层的护理人员去嘱咐老人，引导老人去耐心照顾他的那盆花。

如此做，运用的是"园艺治疗"的方法，借由实际接触和运用的园艺材料，以及维护美化植物的盆栽，让老人在接触自然环境过程之中舒缓压力，进行心灵复健。

"园艺治疗"的方法对于活动不便、不能参加户外活动的老人的功效尤其明显。

在老人可以活动的区域内种植花草，老人走出来的时候，立刻可以看到这些花草，内心就会感觉到舒服。科学证明：种有花草树木的场所，容易使老人产生满足感，消除他们不安的情绪。

另外，这个花草会成为老人心中的某种寄托，有一位患有轻度认知障碍的奶奶，自从有了自己的小花之后，她每天都会记得去给花浇水。之前她没有事做，自从有了自己的花之后，她每天一心一意去照料小花。

工作人员也经常夸奖她："您把您的花照顾得真好，您看它还开花了。"

奶奶骄傲地说："对呀，我每天都会给它浇水的。"

工作人员和社工就此继续表扬她、称赞她，奶奶感觉到自己的劳动成果得到了认可，又得到了满足感和幸福感。

另外，奶奶的丈夫也住在养老院里面，只是，丈夫身体不

83

好，卧床不起。那么，奶奶照料自己的花的时候，也会把丈夫的那盆花也浇上水。

有时候，奶奶会特意来到丈夫的床边，大声对卧床的丈夫说："老伴，我今天也给你的花浇水了！"

自此，老人的生活便有了小小的目标和寄托。

◆◇ 当老人因身体不适而提出特殊要求时

有一位奶奶，人很善良，长得也很好看，只是，她患有高血压，右腿动脉栓塞坏死，经常腿疼、腰疼。

有一次，因为这个病，奶奶晚上没有休息好，她对护工说："我胸闷，气上不来，你把窗子给我打开吧。"但房间里还住着另外一位奶奶，那位奶奶怕凉，坚决不让开窗户！

面对这个情况，奶奶委屈地哭了……

护工心里也难受，她知道奶奶的生命已经快到终点了，很想帮助奶奶，让奶奶在生命最后阶段过得好一些。

晚上 11 点，院长值班查房。护工把奶奶怕热、想开窗的情况告诉院长，并且建议最好让奶奶搬进大房间去住。

院长当即决定：为老人换个房间！

之后，询问奶奶的意见，奶奶同意了。

护工和院长一起行动，把奶奶转到了大房间，还特意安排在靠近窗口的那张床。

奶奶顿时就高兴了，兴奋地对护工说："这里多好啊！我就怕热，住到这儿就能把窗子打开了！"

护工说："奶奶，只要您高兴，只要您能舒服点，我们做什么都可以。"

奶奶感动地对护工说："真的要谢谢你，我早就想来养老院住，我知道养老院专门有人为我们服务，大家都说你们养老院的服务员特别好。"

护工开心地笑了，后来，院长知道了这个事情的结果，也会心地笑了，并且告诉大家：老人的要求，尤其是清醒老人的要求，大都是不过分的，如果你们没有权限作决定，第一时间告诉我，我来安排！

◆◇ 当老人突然想吃某个东西时

有一天夜里4点多，奶奶突然对护工说：

"今晚不知怎么了，我很想吃凉粉。"

护工微笑着对奶奶说："好啊，这又不是什么难事，很容易办到，今天我就告诉你女儿，让她给你买两袋来。"

但奶奶担心影响女儿的工作，立即说：

"不用了，我只是随口说一说。"

虽然这是一件小事，可是护工心里始终放不下，思来想去，她还是把情况汇报给了副院长，副院长立即与奶奶的女儿沟通了一下，奶奶的女儿当天就给奶奶送来了凉粉！

护工刚上班，奶奶看见她，立刻兴奋地说："今天女儿来了，给我买了凉粉，我已经吃了，很好吃，谢谢你！"

护工看着奶奶的兴奋表情，知道在老人的激动里，不仅有吃到好吃东西的欣喜，更有感受到女儿孝顺的亲情温暖，护工握着奶奶的手，说："您别客气，以后您想吃啥，或者想家人了，就跟我们说。"

奶奶高兴地连连点点头，说："好，好……"

养老机构，许多时候就是老人与家属之间的润滑剂，一碗凉粉，起到的作用不容小觑。

◆◇ 当老人想吃安眠药时

今天，是一位奶奶的生日。

护工早早地来上班，向奶奶拜寿！奶奶乐得不行，一个劲地对着护工笑。

院里的餐厅专门给她做了一碗长寿面，奶奶吃着长寿面，还兴奋地对旁边的几位奶奶说："今天是我的生日，我没说，他们怎么知道的？还专门给我做这么一大碗长寿面！"

护工在养老院一直照顾着老人的生活起居，与奶奶感情非常好。下班回家，如果家里有什么好吃的东西，她都会给奶奶带来。一有闲暇时间，她都会陪奶奶聊天。奶奶的衣服破了，她帮奶奶缝补。衣服上的扣子掉了，她帮奶奶钉上。每次她和奶奶聊完天，要走的时候，奶奶都不愿意让她离开。

奶奶经常向另外两位奶奶夸护工："这个孩子就和我的亲孩子一样，对人好，对我也好，有啥好吃的都会惦记着我。"

奶奶也经常深情地对护工说："你要是回去不来了，我会很想你的……"

护工笑着对奶奶说："奶奶，我就是您的女儿呀。"

奶奶乐呵呵地说："是的，是的。"

护工与奶奶关系这么融洽，其实，是因为之前的一件特别的事情。

有一次，夜里 3 点，奶奶突然按下呼叫器，护工立刻跑进房间，问奶奶有什么事儿。

奶奶着急并且近于祈求地说："我头疼，睡不着觉，你给我找颗安眠药吃吧。"

护工解释说："奶奶，我们没有安眠药，那个药在药房里，由护士监管着呢，那种药不是随便就可以给老人吃的。"

看到奶奶拉下脸不高兴的样子，护工知道她生气了，但是，是药三分毒，不管奶奶用什么方式，她都不会随便拿安眠药给她吃的。

不过，护工也理解奶奶一宿睡不着觉的痛苦，于是，那天夜里，她也不睡觉，坐在奶奶的床边，陪奶奶聊天，帮奶奶捏腿、揉脚，用语言消融她的焦躁情绪……

慢慢地，天快亮了，奶奶的心结打开了，情绪平稳了下来，也就渐渐有了睡意。

这个时候，护工也顺势提醒奶奶说："奶奶，您是喝了饮料才睡不着的，以后记着睡觉前别再喝饮料了，那样就可以好好地睡觉了。"

奶奶点了点头，说："好，我听你的。天快亮了，你也休息休息吧。"

经过了那个特别的夜晚，两人的关系发生了质的变化，从入住老人与护理员，变成了幸福颐养院里的"母女"，而之后，"母亲"对于"女儿护工"的照料，就全面配合了。

◆◇ 当老人不愿意洗澡时

（一）

有一位爷爷，80 岁了，是个有文化的人，但是性格很怪，脾气暴躁，不讲究卫生，不换衣服，不洗澡，不剪指甲，不洗脚，给他洗澡换衣服剪指甲，他就和你拼命，谁说都不听。

为了爷爷的卫生问题，护工很为难。

护工刚说出要为他洗澡，换上新衣服，给他剪指甲，爷爷就大声骂道："你滚，我不活了。"

后来，护工想了个招，问爷爷："你想要吃什么？你想去哪里？"

他很高兴地回答："我想去西夏公园。"

护工趁机说："行，我们马上去。"

爷爷激动地说："那就太好了，走！"

护工告诉爷爷："您别急，我给您换新衣服，您把澡洗了穿上，再把裤子和内衣都换成新的，把手指甲剪了，打扮干净，我就带您走。"

爷爷笑着说："行！"

护工立即带爷爷去洗澡，而整个过程，爷爷都很配合，护工怎么说，他就怎么做。洗完澡后，又给爷爷换上了新衣服，剪了指甲。

走一走，逛一逛，放松又健康

赏花看景，心情愉悦

爷爷问护工:"我准备好了,什么时候走?"

护工笑着对爷爷说:"你先坐到房间里看电视,等着我叫你!一会儿就出发!"

如此看,从爷爷自己的愿望喜好出发,再去解决他的问题,事情就变得简单了。

(二)

有一位新入院的老人,也不愿意洗澡。

得知情况后,护理人员向家属了解老人的个人喜好,得知老人很喜欢看别人打麻将。

于是,白天的时候,护理人员就推着老人去看其他老人打麻将。

看完之后,护理人员问老人看得开不开心,老人告诉护理人员自己很开心,虽然自己不会打麻将,但是每天看别人打麻将打牌还是很有趣的,希望每天都能够看别人打牌。

这个时候,护理人员有点为难地说:"爷爷,我有点担心,如果您每天都不愿意洗澡,凑到别人身边看别人打牌,别人闻到您身上的异味,肯定不愿意让您在旁边看的呀!"

老人认真思考了一下,着急地对护理员说:"那你现在马上带我去洗澡吧,我也怕别人闻到我身上有味道,就不让我在旁边看了!"

(三)

还有位爷爷,也不愿意洗澡,每当护理员让爷爷去洗澡的时候,爷爷就很拒绝。护理员劝了三四天,也没能让爷爷洗上澡。

后来护理人员向社工和家属了解到，这位爷爷年轻的时候读过不少书，有一定的文化知识，比较在乎自己的隐私。

老人比较害羞，不善于表达，他其实很想要洗澡的，但是又不敢让护理人员帮他洗澡，更不愿意到公共浴室进行洗澡。

护理员告诉爷爷："爷爷，以后我们不用去集体的公共浴室洗澡了，我们就让你一个人到一个浴室洗澡，不用担心，我们会把窗帘、窗子这些都关好的。我们会尊重你，并且保护好你的隐私的。"

爷爷很通情达理，知道能让他单独在一个房间洗澡后，就允许护理人员给他洗澡了。

护理人员首先把洗澡的水调好，然后跟爷爷说："爷爷，您先坐在沐浴椅上，我帮您关上浴帘，我会协助您洗澡的，您不用害怕。"

爷爷放松下来了，点了点头。

后来有一天，爷爷突然对护理员说："你每次只帮我一个人洗澡，又单独在一个房间，耗时比较长，又影响到你的工作，这样真的很不好，真是不好意思了。我下次洗澡就去公共浴室吧！"

多么通情达理的老人啊！

说到底，当你充分考虑、尊重、配合他的需求时，慢慢地，他就充分尊重配合你的劳动了。

◆◇ 当老人尿湿裤子羞于启齿时

有一位爷爷，他的日常生活基本能自理，因此很少求助护理

91

人员。

有一段时间，爷爷突然有一些奇怪的表现，在活动大厅里坐着坐着，忽然间面露难色，然后着急地想要回房间。但是由于爷爷走得不快，因此他显得更加着急。

有一天，护理人员发现爷爷在走回房间的时候，裤裆位置慢慢变湿了。护理人员明白了，爷爷可能是羞于表达，所以没有开口说过这个事情。

护理员主动去询问爷爷："最近我见您总是在大厅坐着坐着，就突然间急匆匆地想要回房间，是不是有什么需要？如果有什么需要都可以告诉我，我会帮助您的。"

爷爷感动又略有羞涩地说道："我有时感觉大小便很急很急了，但是到了厕所又拉不出来。有时候还没有走到洗手间就拉出来了。我不敢告诉你们，怕你们觉得我连大小便都控制不了，真的是老了没用了。"

护理员毫不介意地笑了笑，耐心地对爷爷说："爷爷，大小便失禁有很多原因的，不是因为你老了没用了。其实，有一些办法可以帮你改善这样的情况哦。我现在帮你热敷和按摩一下肚子，好吗？"

爷爷仿佛看见希望似的问："真的有用吗？如果可以的话，请你帮我试试看，我常常憋尿或者无法大便，都很辛苦啊！"

护理员耐心地帮助爷爷按摩，爷爷有一些上卫生间的感觉了，护理员再搀扶他回房间。

之后，护理员经常在爷爷有便意的时候去帮忙，通过按摩及热敷的方式帮助老人排便，并且还教会爷爷一些放松的技巧，慢慢地，只要有便意，爷爷就愿意乃至主动和护理员说了，渐渐地，大小便的问题就得到了解决。

更主动地服务、更有技巧效果地服务，老人就会给予护理人员完全的信任。

◆◇ 当老人不好意思让护理员给自己换尿裤时

院内有一位爷爷，他的性格比较内向，平时不爱主动和人聊天，更加不喜欢麻烦工作人员为他服务。

因此，他每次在纸尿裤上大小便后，一般都不主动和护理人员说。

每当护理人员问他有没有大小便的时候，他都吞吞吐吐地回答：

"没有，不麻烦你了，你去忙吧。"

后来，护理人员发现老人已经在纸尿裤上大小便了，就要为他更换，爷爷很配合护理人员换尿片，但是他却仍然不愿意主动告知护理人员，护理人员每次问，爷爷仍然害羞地说没有大小便。

这个时候，护理人员问爷爷：爷爷，您知不知道纸尿裤湿透了，如果不及时更换会造成什么影响？

爷爷表示不知道。

护理人员拿了一块海绵布和一桶水，展示给爷爷看。护理人员告诉爷爷，纸尿裤吸收的容量和这块海绵是一样的，都是有限的，当海绵吸收一定的水后，饱满之后轻轻一压，水就会流出来。纸尿裤也是一样的道理，如果大小便后，纸尿裤吸收到一定

93

程度了，不换尿片会对身体造成伤害的。自己的皮肤浸泡在这些湿湿的纸尿裤中，皮肤不能透气，会产生异味，并且，皮肤可能会因为长期在潮湿的环境中而破损。

经过护理员现场模拟展示，爷爷觉得护理人员所说的一切都有道理、所做的一切也都是为了帮助他自己，之后，在感觉到纸尿裤湿到一定程度后，他就会第一时间按铃，告知护理人员。

♦◇ 当老人拿错杯子时

有一段时间，一些老人的杯子经常找不到。护理人员通过调查之后发现，有一位老人经常拿走其他老人的杯子，并且藏在自己的床头柜里。

护理人员就此询问老人，询问的时候并没有批评她，而是装作很好奇地问：

"奶奶，您怎么有那么多杯子啊?"

奶奶不确定地回答："我也不知道，应该是我儿子给我带来的吧。"

护理员说："奶奶，您看，这些杯子上面还有字呢! 哦，上面写的是别人的名字，"护理员指着写有奶奶名字的杯子说，"您看，这个写着您的名字的杯子，这个杯子，才是您的呢。"

奶奶恍然大悟道："哦，原来这个写着我名字的才是我的杯子，字有点小，我眼睛不好，看不清。"

护理员把杯子归还给其他老人后，重新打印了字体大许多的名字，贴在每位老人的杯子上。

从那以后，奶奶再也没有错拿过其他老人的杯子了。

面对老人的"错事"，不要批评老人，首先要尊重他的面子，同时再辅助必要的"技术"手段，如此，就能够解决相应的问题了。

◆◇ 当老人为一碗面而哭泣时

有一次，院里举办了一个集体活动，老人们都很开心，很积极地参与到活动中来。

当时的活动是做一种面食，这个面食本地并没有，是外省的一种食物，而在做的时候，突然间，有一个老人哭了起来，工作人员感觉很纳闷，这么开心的环节，为什么老人会哭呢？

工作人员走到老人身边，和老人聊天，问她为什么会哭，老人并没有说话，工作人员又给老人送上纸巾，谁知老人接过纸巾，哭得更厉害了。

工作人员很尴尬，本来想安慰老人的，没有想到，却让老人哭得更严重。工作人员束手无策，只好默默坐在老人身旁陪伴。

老人看到工作人员一直坐在她旁边，有些不好意思，擦了一把眼泪，对工作人员说："我今天太开心了！我吃上了从来没有吃过的东西。你们的关心让我感觉很幸福、很温暖。我感觉非常开心，但是不知道怎么表达我的心情，就哭了。我从来没有吃过这么好吃的东西，工作人员对我那么好，经常来慰问我们，还给我们带来吃的，那么关心我们。"

看着老人的泪水，护工们既感动又感慨，原来是这个原因！

95

只不过是一碗面，只不过是一碗好吃的面，竟然能够让老人感动成这样，老人们需要的东西真的不多，并且如此微不足道啊，那么，这样微不足道的东西，就要更多地给到他们啊。

◆◇ 当老人不愿调换护理区时

有一位爷爷，住进养老院已经两年多了。

随着年龄的增长和身体机能的减退，为了更好地护理爷爷，就需要调换爷爷的护理区。

可是，即便护理员多次和爷爷交谈，爷爷就是不同意，并说："谁让我调护理区，我就跳楼。"

照护部主任将情况告诉给了社工，社工来到爷爷的床前，先不说什么，开始给他按摩双臂和双腿。

社工问："爷爷，舒服吗？"

爷爷笑着回答："舒服。"

社工又问爷爷："爷爷，感觉幸福吗？"

爷爷满足地回答："幸福！"

社工这才进入了主题，说："为了您在养老院生活得更加舒服，更加幸福！我们需要给您老调换一下护理区，以便更好地为您服务。到了新的护理区，护理员就会 24 小时全天候为你做生活照护，康复师也会每天给您按摩，防止您的身体功能不断减退，就像我现在做的一样，这样，您愿意调换护理区吗？"

爷爷非常干脆地回答："愿意！"

就这样，爷爷高兴地换了护理区，继续享受幸福的晚年生活。

◆◇ 当老人需要剪指甲时

奶奶患有脑中风后遗症，右侧肢体偏瘫。有一天，院长来到奶奶的房间，征求奶奶对养老服务工作的意见。

奶奶说："一切都很好，但有一件小事很为难。"

奶奶欲言又止。

院长鼓励奶奶说了出来，原来奶奶除了偏瘫以外还患有糖尿病，而手指甲、脚指甲长了，感觉不舒服，又不敢让护理员剪，怕剪破皮肤引起感染，难以愈合。

院长连忙说："奶奶，那我来给您剪吧，我做过医生，您老人放心，我绝对不会剪破您的皮肤的。"

奶奶推辞说："不行，怎么能让院长您给我剪指甲呢，万万不可以的。"

院长问道："奶奶，您儿子给您剪指甲您介意吗？"

奶奶自然地说："不介意。"

院长说："那好吧，那今天就让儿子给您剪一次指甲吧。"

说完，院长让护理员拿来了指甲剪，认真地给奶奶剪起了手指甲，接着，院长还给奶奶剪起了脚指甲。

当院长剪完以后，奶奶的眼角已经溢出了泪花，她动情地跟院长说：

"院长，你就像我的亲儿子一样亲呀！"

97

◆◇ 当老人突然打来求助电话时

一天凌晨，主任接到了一个陌生的电话，电话那头传来一位奶奶微弱哀求的声音：

"主任，我在医院急诊科，我今晚能在你们养老院住一晚上吗？我今天洗澡时摔了一跤，我儿子在国外，我现在没办法回家了。"

主任安慰奶奶："我和院长马上来医院看您，您安心地等等。"

主任和院长打了个车，赶到医院急诊科，那时已是零点四十分。

他们走进急诊大厅，一眼看到奶奶一人孤零零躺在走廊的简易床上。

主任上前握住奶奶的手，奶奶含泪说：

"主任、院长，你们可来了，我都躺了一下午了。我今天中午 11 点左右在家洗澡时摔了一跤，120 把我拉到医院的，下午拍了片子，医生说我可能骨折了，不用住院，医院也没有床，让我回家静养。我都骨折了怎么回家呀，我还有扩张性心肌病、高血压、脑梗塞，很严重的。"

院长和主任找到医生，了解了奶奶的伤势。医生表示：因为没有家属，医院不能收下老人。

主任问奶奶："您南京还有亲人吗？"

奶奶说："我就一个儿子，已经定居在国外 20 多年了，还有一个侄子，我今天给他打电话，他不在南京，出差了。没有人能帮助我了，我想去你们养老院住一晚上，就住一个晚上。"

主任宽慰奶奶说："奶奶，您不要着急，我们一定会想办法帮助您的。"

主任跟奶奶要了她远在国外儿子的电话，打通了对方的电话。

那个时候，美国正好是白天，对方急切地问：

"我妈妈伤得严重吗？"

主任详细地告诉他母亲的伤情：背部多处有青紫划痕，有明显的出血。因为奶奶病情严重，没有监护人签字，谁也不敢接奶奶回养老院。

这时，对方诚恳地希望院长和主任能把奶奶接回养老院，他很快加了院长和主任的微信，院方通过微信传输了老人入住养老院的签字资料，他签字后扫描回传给院长。院长顶着压力和风险，决定把奶奶接回养老院。

而把老人带回养老院时，已经是凌晨两点多了。

院长和主任先安顿奶奶住下，他们继续加班，和奶奶的儿子用电子网络传输其他文件，签完字后，给奶奶办理了全套入住手续。

奶奶后来在养老院住了许多天，她在养老院生活得很愉快，逢人就讲：

"养老院的员工帮助了我，我非常感谢他们……"

这个事情属于特例，但是，体现了养老院"大爱之下特事特办"的风貌，也体现了养老院充分利用现代互联网科技创造性办公的风采。

99

♦◇ 当老人担心不定期发病时

有一位奶奶，患有帕金森综合征，会不定期发病。发病的时候，她的肢体就会比较僵硬，活动就会受限。她经常担心自己发病的时候不能及时告诉护理人员。

有一天，社工来到奶奶的房间，对奶奶说：

"奶奶，我给您带来了一样东西，您看一下。"

社工从口袋里拿出了一个小型的紧急呼叫器，它可以随身佩戴。

社工对奶奶说："奶奶，这个呼叫器以后就给您用了，我来教您怎么使用好不好？"

奶奶疑惑地问："这个管用吗？"

社工肯定地说："当然管用了。"

社工把呼叫器放到奶奶的手上，告诉她怎么去按键，尤其呼叫器中间那个紧急呼叫键 SOS，社工对奶奶说：

"这个键，它与我们值班人员的电话是相通的，如果您有了不舒服的感觉，先按床头铃，如果床头铃按不着，您可以按 SOS 的键，这样，我们值班人员可以随时到您所在的位置去找您啦。"

奶奶听了特别开心，学得很认真，很快就掌握了使用方法。

奶奶高兴地说："这样的话，我以后是不是一有情况就可以按这个紧急呼叫器了呢？"

社工肯定地说："当然了，不管是在白天，还是在晚上，尤其是晚上，这个就是您的贴身保姆。"

现在奶奶无论到哪里去，都把这个呼叫器随身带着。

晚上，值班人员一听到这个呼叫器的声音，就会立刻到奶奶的房间，帮助奶奶去解决问题。

现在奶奶可开心了，逢人就自豪地说："你看我脖子上挂的，这个就是我的贴身小保姆。"

◆◇ 当老人需要特制饮食时

幸福颐养院里有一个特别的厨师。之前，他在酒店、企业、商场各行业都做过。但在养老机构当厨师还是第一次，有一种老师傅遇到新问题的感觉。作为养老院厨师，不仅要把菜肴做好，还要营养搭配合理，更要适合老人的特点。

老人们的牙齿不好，消化能力弱。所以，在制作菜单时，他要考虑每道菜肴用什么样的烹饪方法，既能做到菜品软松烂，又要保证菜品绿色健康。每次的菜单制作，不能说是绞尽脑汁，但也确实是用心搭配，多次推翻旧有方法，并不断研究新菜品。

逐渐地，他发明了一些特别适合老人的菜肴烹制方法。比如：

采用蒸制法：蒸南瓜、蒸山芋、蒸胡萝卜……补充老人所需的膳食纤维、维生素 A。

采用榨汁法：黄瓜汁、芹菜汁……补充老人所需的维生素 C。

采用冲饮法：牛奶、豆浆……补充老人所需的蛋白质。

101

同时，再利用下午茶配上多种水果，补充老人所需的维生素和矿物质。

此外，还有松软的米饭、多样的面食、红烧软烂的猪肉鸡肉牛肉、蒸制无刺的鱼等等。

对他的智慧付出，老人们都非常认可。最大的表现就是：还没有到饭点，就有许多老人就热切询问：今天吃什么好吃的啊，什么时候开始吃啊……

◆◇ 当老人出现问题行为时

有一位老人，脾气不太好，每天都要骂人，而且还在院里面随地大小便。

下班之后，社工找了一些相关书籍来研究，上网搜索了一些教学视频，去了解与这一类型老人沟通的方式。

后来，在一次谈话中，社工知道这位老人是一位老党员，就和其他护理员一起跟老人聊天，聊党的历史、党的故事。

社工问老人："您以前是不是一个优秀的党员呢？"

老人极其肯定地回答："我当然是一名优秀的党员。"

然后老人就跟社工讲他以前做党员的许多事情。

社工借此告诉老人，两天后，他们想让他做党员代表，给大家讲党的故事，不知道他是否愿意？

老人立刻同意了！

社工接着说："所以，您就需要改掉一些不好的习惯，给其他老人做榜样，好不好？"

老人立刻表示："好!"

经过一段时间的引导，老人慢慢开始把自己收拾得整整齐齐的，出来活动的时候也很安静，不随意去骂别人了，也不随地大小便了，晚上，也按时去休息了，不再像以前那样大吵大闹了。

后来，社工又教老人唱红歌，再让这位爷爷带其他老人学唱这些红歌，老人的表现就更出色了，每一天都要求自己成为榜样中的榜样。

爷爷，棒棒哒!

◆◇ 当老人因病痛而产生灰色情绪时

某一天，社工查房时，发现一位奶奶躺在床上，没有外出活动。

社工询问奶奶："奶奶，您为什么躺在床上？是不是身体不适?"

奶奶面露难色地告诉社工："昨晚我拉肚子了，一晚都没睡觉，脚又痛到死啊。我现在这样，不如死了算了。自己做什么都做不好，还要忍受这些痛……"

社工马上握着奶奶的手，轻抚她的背部，安抚奶奶的情绪，并且告诉奶奶：

"平时您有没有观察我们院里面的其他老人呀？他们每一个人的身体都出现了各种各样的不舒服。年纪大了，身体不适是很普遍的现象。每一位老人都有自己的不适，有人脚痛，有人头

103

住得舒适心情好

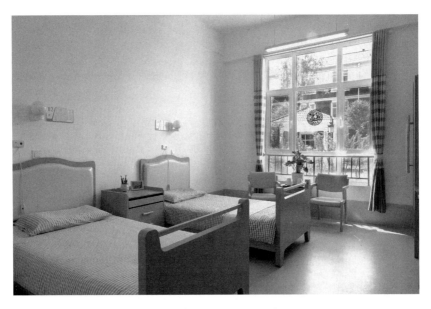

舒适的环境，让人十分愉悦

痛，甚至有人意识不清醒，还有的人没有记忆了。我们要接纳自己的身体状况。"

奶奶怀疑地问道："是吗？我感觉其他人的身体状况都比我好，我最惨了，每天都痛到没有办法睡觉。"

社工又问道："之前与您一起居住的那位奶奶，她的身体和精神状况如何，您还记得吗？"

奶奶马上回答道："她呀？经常说肚子痛啊，每天都在那叫叫叫的，有时候吵得我都没有办法睡觉了。不过她精神好的时候还是挺能聊的。"

社工顺势引导奶奶，说："对呀，您看您身边的每一位老人，其实都有不同的情况，这是一个很普通的现象，关键是我们如何看待这种情况。您平时每天都会外出活动，喜欢和别的老人交流，大家都觉得您是一位健康乐观的老人，大家都以你为榜样呢，那作为榜样，就更不能有点不舒服就特别特别沮丧，是不是？"

奶奶听到后，会心地笑了："是的是的，你说的有道理，那一会我还是出去溜达溜达吧。"

◆◇ 当老人担心夜里有贼而不睡觉时

有一天晚上，社工在查房时，发现有一位奶奶在门口一动不动地坐着。

社工慢慢走过去，在奶奶的旁边坐下，问道："奶奶，现在已经十点了，您怎么这么晚还不睡啊？"

幸福颐养的 100 个故事

奶奶说:"我的门坏了,锁不上了,很不安全的,我的家人都在里面,如果我睡着了,万一有坏人进来怎么办?我得在这守着,不让坏人进来。"

社工知道奶奶有认知障碍,便说:

"奶奶,这样吧,今晚我来帮您守着吧,您先去睡,万一您今晚不休息,明天没精神怎么照顾您的家人呢?他们看了也心疼啊!"

奶奶一脸不好意思地说道:"那怎么行,怎么能麻烦你呢?我老了,睡的时间短,没事的,你快去忙你的吧。"

社工握着奶奶的手说:"奶奶您放心,一点都不麻烦,我今晚值班,每两个小时会巡一次房,而且我们的护理人员也会每两个小时巡一次的,也就是说 24 小时都有人在,您放心地去休息吧!我们不会让坏人进来的。另外,我已经和院里的维修师傅说了,让他明天一上班就帮您修门。"

奶奶犹豫了一下说:"这样子啊,原来晚上还有人值班巡房的,那好吧!那我可以放心地去睡觉了。"

她还开心地说:"真的太感谢你了,还帮我联系修门的师傅。那今晚就麻烦你了,记得一定不要让坏人进来。"

社工点点头,对奶奶说:"好的,您放心好了,您快去休息吧!"

得到社工的再三保证后,奶奶终于放下心,慢慢地走回房间休息。走进门口时还不忘把门关上,然后还把头探出来,看看社工还在不在。

社工心想:真是一位生活谨慎又可爱的奶奶啊……

◆◇ 当老人感觉房间里有鬼时

院里有一位奶奶，据护理人员反映，她经常晚上不睡觉，也不愿意回房间，也说房间里面有鬼要害自己。

有一天午休时间，社工见奶奶一个人坐在大厅的凳子上发呆，就走到奶奶的身边，轻声问道：

"奶奶，现在是午休时间，您怎么坐在这里不回房间休息啊?"

奶奶用双手捂住嘴巴小声说："房间里面住了五个鬼啊，我如果回去，他们会抓走我的，我不敢回去。"

社工接着说："奶奶，您不用害怕，院里那么多人在您的身边，另外，我们二楼有个佛堂，要不要我带您去拜拜观音，让观音把你房间里面的鬼抓走?"

奶奶想了一下说："那你带我去给观音上炷香，我要和观音好好说说话，求观音帮我抓走房间里面的五个鬼。"

社工把奶奶带到佛堂，奶奶虔诚地给观音上香，听着佛堂里面的佛歌。大约十分钟后，社工陪奶奶走到大厅，然后尝试拉着奶奶的手往房间里走，走到门口时，社工感觉奶奶的手微微握紧，整个人显得有些紧张。

当打开门的那一刻，奶奶不敢睁开眼睛。社工轻轻拍拍奶奶的双手，示意其睁开眼睛，并告诉奶奶："没事的，奶奶，观音会帮您赶走鬼的，您先睁开眼睛看看，鬼还在不在?"

奶奶睁开眼睛看了看，眼睛慢慢开始发亮，奶奶开心地说

107

道："哇！鬼真的走了！感谢观世音菩萨，阿弥陀佛！"

此后，这位奶奶每天都会到佛堂上香，而且社工也向院里申请了费用，在网上购买了一个便携式的佛歌播放器，让奶奶随身携带。

慢慢地，奶奶就再没有说房间里有鬼了。

世上当然没有鬼了，是社工的智慧与爱心"驱散了鬼"！

◆◇ 当老人性格执拗时

有一位奶奶，性格比较执拗，同时，由于记忆力减退，奶奶有时会想不起来自己房间里面的东西放在哪里了，然后就向工作人员投诉，说住在隔壁床的奶奶偷了她的东西。

每次工作人员在其房间里帮她找回东西，奶奶也说是隔壁床的奶奶偷偷放回去的。

因为经常出现这种情况，所以院里的很多老人都不愿意和她一起住，后来，已经给奶奶换过三次房间了。

有时，护理人员好心提醒她吃饭，也会被这位奶奶投诉。总之，有一点不顺她的心意，奶奶就会对护理人员进行谩骂。

又一次，院里举办了一场为老人做拉面的志愿者活动，全院的老人都参加了。

在活动中，奶奶表现得很激动，并向社工表示很期待这次的拉面活动。

看到奶奶的情绪如此高涨，在活动当天，社工与志愿者特意邀请奶奶和他们一起制作拉面，最后又特意做了一个举动：邀请奶奶发表感受。

在整个过程中，奶奶都非常开心。

最后，在品尝拉面时，奶奶突然流下了眼泪……

工作人员都震惊了，社工马上过去安抚其情绪。

活动结束后，奶奶对社工说，这是她第一次吃拉面，没想到那么好吃。在这么冷的天气里，志愿者到养老院给老人做拉面吃，真的很有爱心，真的很感谢这些志愿者和院里的工作人员。

经过这次活动，后来社工发现，这位奶奶对院里工作人员的态度慢慢发生了改变，不再像以前那么无理取闹了，有时还会主动关心工作人员，而对其他老人，态度也好了许多。

如此看来，有时解决老人的问题，需要真心地对她表示尊重与爱戴，如此，会让她感动，再得到她的理解与支持。

◆◇ 当老人情绪失控时

有一位爷爷，脾气不是很好，有的时候还会无缘无故骂人。

又一次，爷爷病了，外出治疗，家属反映老人在院外期间睡眠特别差，晚上不能平躺，基本上是半坐着睡觉。

回到院里，老人的睡眠仍然不好，而通过社工的观察，发现老人每天睡眠的时间差不多只有一个小时，同时多次拒绝护工的护理工作，任何的劝说和开导都无效。

有一次，爷爷与同房的老人发生了冲突，社工去找爷爷谈话，建议爷爷暂时先离开这个房间，换到另外一个房间去。一方面是帮助爷爷恢复睡眠，一方面是调节他的情绪。

109

但老人依然很抵触。

于是，社工跟家属沟通了一下，在当天下午两点多，老人的女儿来院里了，帮助老人调换房间，疏导老人的情绪。

进入新调换的房间以后，爷爷的情绪很低落，问他什么，他都不说话。给老人端下午茶点，老人也拒绝进食。

突然间，爷爷哭了。

社工的心随之一震！

社工觉得爷爷心里肯定有很多的委屈，会不会是因为他们工作中有些失误？

社工主动去安慰爷爷，告诉爷爷把他调整到另外一个房间的目的是什么，希望爷爷能配合。

过了大概半个小时，爷爷的情绪渐渐平稳了下来。他们俩开始交流如何解决眼前的问题。社工告诉爷爷，如果他还是想住回原来的房间，他可以自己选择和哪位爷爷一起居住。

爷爷说，他不想和另外的爷爷一起同住。

知道了爷爷真实的想法，在征得爷爷同意之后，院里就暂时把爷爷调换到三楼。等二楼的房间空余出来了，再把爷爷调换到二楼入住，跟其他的老人在一起。

接下来的问题是：社工担心老人无法到二楼进餐。最终，社工是这样处理的：前期，社工会把一日三餐给爷爷送到房间里。如果爷爷身体状况允许，想去二楼吃饭，可以提前告诉社工，社工再将老人接到二楼去吃饭。

对这样的安排，爷爷很满意。慢慢地，他开始配合社工的工作了，也开始和社工主动交流了。

社工还对爷爷说："您有什么想吃的食物，可以告诉我，我也可以让餐厅工作人员特别制作。"

爷爷的回答让社工既意外，又感动。他说：

"院里有老人餐的制度，再说，老人餐做得很好，我也不想搞特殊化。"

这本是一个脾气特别暴躁、不愿配合、排斥他人的爷爷，但当社工耐心去开导他的时候、真心为他着想的时候，爷爷并不像大家说的那样倔强固执。

后来，社工与爷爷的女儿单独沟通过，得知老人是不愿意住养老院，觉得多花钱、为子孙考虑得比较多，把自己压抑下去的情绪全部发泄到工作人员身上了。

对此，社工对爷爷的女儿说："我能够理解，这是老人一种宣泄情绪的方式，能宣泄出来，总比闷在心里要好一些。我们所有工作人员都不会记在心上的。只是希望，爷爷在我们幸福颐养院的时候，可以幸福快乐地生活。"

♦◇ 当老人挑食时

一个周末，吃晚饭时，听说三楼的一位爷爷发脾气不吃饭。社工就上楼去看他。

一进门，社工就看到爷爷满脸的不高兴，桌子上放着一碗面。

社工问爷爷："今天怎么不开心呀？"

爷爷赌着气说："我不爱吃面条，也不爱吃米饭，就只爱吃饼子。"

111

社工柔声地说:"爷爷,咱也不能每一顿饭都吃饼子呀,餐厅做饭也不能每顿饭都做饼子啊。"

爷爷闹起了小孩脾气,噘着嘴说:"我不管,我就爱吃饼子。"

没办法,社工只能哄着爷爷说:"爷爷,不吃饭会饿的呀,你今晚把面先吃了,我明天休息,去帮你买饼子,好吗?"

爷爷问社工:"真的吗?"

社工肯定地说:"真的,我什么时候骗过您呀?"

爷爷想了想,说:"是没骗过我。"

社工催促爷爷说:"那快吃饭吧,饭要凉了。"

爷爷再一次问社工:"我把饭吃了,你就会给我买吗?"

社工说:"我保证!"

第二天休息,社工外出去超市,专门给爷爷买了饼子和火腿肠,回来后,就立刻给爷爷送去了。

爷爷看见可高兴了,兴奋地说:"我就最爱吃这种葱花饼了!"

社工说:"那以后,爷爷您平时乖乖吃饭,您特别馋饼子的时候,我就帮您买饼子,这样好不好?"

爷爷边吃,边大声说:"好!"

◆◇ 当老人不肯出电梯时

有一位爷爷,平时和蔼可亲,脾气非常好,每次外出,他总喜欢戴一副墨镜和一顶帽子。爷爷最大的优点就是喜欢到处走动。

但有一天，不知道是什么原因，爷爷站在电梯里，就是不肯不出来，饭也不吃。

社工说："爷爷，该吃饭了。"

爷爷依然站在电梯里，说："你去吧，我不吃了，让我一个人静一静吧。"

社工疑惑地问："爷爷，您怎么了，为什么不吃饭呢？站在电梯里干什么呀？快出来吧。"

"你去吧，我不吃了，我想一个人静一静。"爷爷固执地回答。

"爷爷，您有啥事吗？"社工猜想爷爷肯定是发生了什么事情。

"没事儿，我就是想一个人静一静。"爷爷摆着手让社工赶紧走。

最后实在没办法，社工就拿起爷爷最爱吃的方便面，掰下一块，给爷爷喂了一口：

"爷爷，尝尝香不香，好不好吃？"

爷爷边吃边说："好吃，香！"

方便面有点干，爷爷嚼着很费劲，直流口水，社工不由地笑了，社工说："爷爷，我们出去用开水泡泡吃，好不好？"

爷爷说："可以。"

如此，一包他喜欢吃的泡面，爷爷竟然从电梯里出来了。

事后得知，爷爷是因为一件小事情闹了点情绪，那件事情的心结解开后，爷爷就没事了。

◆◇ 当老人因小事而闹情绪时

有个爷爷是幸福颐养院里的一名特困老人，他有一门好手艺，心灵手巧，会种花、会画画、会修理东西，还会自己利用工具制作木工活，是一个能工巧匠。

有一天，社工听护理员说，爷爷因为一点小事在闹情绪。那个时候，刚好要进行护理区的园艺绿化工作，社工想，不如利用这个机会开导一下爷爷。

那天下午，社工就去找爷爷："爷爷，您陪我去买花吧，您有这个特长，我们买一些花回来，装点我们的护理区，让老人们看着赏心悦目。"

爷爷很高兴地坐上了社工的车。他们一路开车，边走边聊。

到了花市，浏览着琳琅满目的花，还有大大小小的花盆、花架，他们看了一遍又一遍，都想用最少的钱买到最需要的东西，经过再三比较，他们挑选了一些花盆，一些合适的花，买好后装在了车上。回来路过集市的时候，社工还顺便给爷爷买了一些水果，因为知道爷爷长期吃利尿药需要补钾，所以，社工专门给他买了香蕉与橘子，同时爷爷自己还买了一只烤鸡。

这趟花市之行，让爷爷非常开心。

第二天上班，社工发现爷爷已经把买回来的花布置了一个园艺区，从大的花里移出来了小的花，大大小小、错落有致的一个小的花园就布置好了。

社工们都由衷地赞叹："爷爷，这是您培育的花园，可以让每一位老人都来认养一盆花，我们这个幸福颐养院的花园就越来越美丽了！"

爷爷脸上露出很欣喜的微笑，而他的小情绪，在这个过程中也早就烟消云散了。

◆◇ 当老人总抓皮肤时

有一位爷爷，经常忍不住去挠身上的皮肤。护士查看后，发现爷爷身上并没有出现任何红疹湿疹之类的症状。

其实，爷爷是心理原因，总觉得自己皮肤痒，忍不住就去挠。

护理人员首先征求家属同意后，就给爷爷的手上系上了安全约束带。

护理员问爷爷："爷爷，为什么您那么喜欢挠痒啊？"

爷爷苦恼地回答："我感觉自己皮肤上好像长了什么东西，很痒啊，所以就忍不住去挠。"

护理人员又继续问道："您这样挠会把皮肤挠坏的，知不知道抓破的后果是什么？"

爷爷回答："我不知道挠坏了会怎么样，但是就是很想去挠，不然会不舒服。"

护理人员告诉爷爷："您把自己的皮肤挠坏了，很容易感染的。感染之后就更加痒更加痛了，您会更加不舒服的。我现在先帮您把手系上这个安全约束带，然后我再帮您擦一些药膏，让您舒服一些好不好？这些药膏凉凉的，很舒服的。敷上药膏之后，

115

您不能再用手去挠了，否则就不能发挥药膏的作用了哦。"

经过这样多次的沟通劝说后，爷爷的情况逐渐有所改善了。

以后，爷爷每次忍不住想要用手挠痒后，都请护理人员先帮他戴上手套，如此，他就不挠了。之后再请护理人员帮他在感觉到痒的地方擦一些药膏，如此，渐渐地，他在心理上也不再觉得皮肤瘙痒了，慢慢就改掉这个毛病了。

◆◇ 当老人怀疑东西被偷了而拒绝吃饭时

院内有一位奶奶，怀疑自己的鞋子被同房的奶奶偷了。奶奶很生气，不吃午饭，躺在床上生闷气。

医护人员得知这一情况后，来到房间，了解情况。

奶奶情绪激动地对医护人员说："隔壁床的奶奶拿了我的鞋子，你帮我拿回来，没有鞋子，我是不会吃饭的。"

医护人员先安抚奶奶的情绪，耐心地对奶奶说："奶奶，您先不要激动，鞋子不见了，我们会帮您找的。但是您要先去吃饭，不吃饭会饿的。而且你报了饭又不吃，会浪费粮食的哦。"

奶奶还是很生气，倔强地说："不吃，就不吃，关你什么事？"

医护人员继续与奶奶沟通："您以前在家里是不是要帮忙耕田种地的呀？以前您干农活是不是很辛苦啊？"

奶奶回想了一下，然后回答："确实挺辛苦的。"

医护人员继续问："您知道粮食种出来很辛苦，米饭做出来辛苦，那现在，我们的厨师把饭菜做好了，护理员阿姨把饭菜帮您盛好，您却不吃，别人的辛苦不就白费了吗。不如您先去吃饭，我们帮您把鞋子找回来，好吗？如果您不吃饭，您也没有精神去找鞋子了。"

奶奶想了一下，感觉好像挺有道理的，加上医护人员再三保证：吃完饭会马上帮您找鞋子，奶奶的情绪才慢慢平复下来，愿意去吃饭了。

事后，经过调查护理员日常交班记录，才知道原来奶奶的鞋子被家属带回家了。而奶奶知道临床的奶奶并没有偷自己的鞋子，心情也就彻底好转了。

◆◇ 当老人夜里使劲儿敲东西时

院里住了一位奶奶，睡眠质量很不好。

护理员晚上值班的时候，听到奶奶一直在那儿叫，还拿纸巾盒不停地敲，如此，不仅影响同房的老人，也对隔壁房间的老人产生了影响。护理员马上赶了过去。

但是，奶奶的听力不好，护理员跟她解释也没有用，她还是继续敲。

护理员握着奶奶的手，反复对老人说："我在这里，我在这里……"

奶奶不一定能看清护理员，也听不到护理员的声音，但是握着她的手，奶奶可以感受到有人在这里陪着她。

接下来，护理员一直轻抚奶奶的后背，柔声地对她说："奶奶，我们好好睡觉好不好？"

117

感受到肢体上的安抚，奶奶不再继续敲纸巾盒了，讲话声音也没有那么大了。

但是她还是会一直讲话，讲以前的事情，或者唱歌。

这个时候，护理员没有离开，一直握着奶奶的手，听她讲话……

讲着讲着，奶奶自己可能感觉有点累了，就不想讲话了，就要打发医护人员离开。

护理员仍然问奶奶是否需要先上个厕所，奶奶表示同意，上完厕所，安心上床睡觉了。护理员确定奶奶睡着了，才悄悄地离开。

◆◇ 当老人出现内心落差时

爷爷刚入住的时候，由于总体入住的人不多，所以工作人员总会陪他玩，陪他打麻将，陪他聊天，所有的人都以爷爷为中心。

但是后来，随着入住人数的不断增加，每位工作人员的精力都是有限的。爷爷享受到的正常服务并没有减少，但不能像之前那样"受宠"了。

这个时候，老人就会产生心理落差，觉得自己不再被重视，甚至误以为自己受到了忽视，从刚开始入住时的活泼开朗，变得经常发脾气，经常暴怒，跟护工也不再好好地沟通。

对此，社工进行了反思，该怎么解决这样的矛盾呢？后来社工制定了一个方案：每天不管大家有多忙，都要去向爷爷报到，

角落的绿植，生机盎然

路灯明亮，心情也很明朗

幸福颐养的 100 个故事

都要向爷爷问一声好。

这种做法坚持了一个星期，爷爷的心情就有了一个很大的改善，他发现其实大家并没有忽略他，还是像以往一样关心他。报到、问好的形式让他觉得原来在大家的心目中，他的地位是这么重要。

这也给护工提供了一个经验：始终要关注老人的想法和感受。在环境和条件发生改变时，要让老人有一个适应的过程，前后的落差要把握好，要给予过渡的阶段。最重要的是，让老人觉得大家心中始终都有他。

120

◆◇ 当老人有自大感时

奶奶今年 90 岁，是养老院里年龄比较大的老人，这种年龄上的优势给了奶奶一种优越感，她认为这里她是老大，什么都是她说了算。

久而久之，其他老人也都默认了奶奶的这种优越感。社工发现只要奶奶参加什么活动，其他的爷爷奶奶就参加什么活动，只要奶奶不参加活动，其他的爷爷奶奶也不参加，而且奶奶的心情会影响其他老人的心情。

社工开始思考：该怎么样解决这个问题呢？

社工想到一个办法：拥抱。

因为社工想要与奶奶建立一种良好的关系，建立关系的前提就是要有一个桥梁。所以社工与奶奶形成了一种默契，每天的清晨，只要两个人见面，就要拥抱一下。刚开始的时候，大家都不习惯，尤其是奶奶，她总觉得不太好意思。

社工对奶奶说："奶奶，这是我们的约定，以后每天我们见面的时候，都要有一个拥抱，要一直坚持下来。"

有时候工作一忙，社工就把这个小细节给忽略了。

奶奶有一次特别不高兴，向护理员反映说："哎呀，今天小张都没有跟我拥抱呢，是不是她嫌弃我了呀？"

这句话被社工听到之后，社工立即向奶奶道歉，跟她承认错误。

有了这种拥抱的仪式，奶奶每天就会期待，而这种拥抱的效果是社工跟奶奶的关系特别好，沟通也更有效。

后来，社工对奶奶说："奶奶，您是我们这儿最高寿的，所以您要起模范带头作用，您要把您的长寿秘诀给我们分享。而且，您要带领爷爷奶奶和我们一起做游戏，参与活动多了，爷爷奶奶们的心情就会更好，对不对？"

奶奶认可地说："是的，我是年纪最大的，所以要发挥带头作用。"

有了奶奶这句话，社工心里就放心了。

现在每天跟奶奶拥抱，每天给奶奶说鼓励的话，奶奶也很好地坚持了下来，每天都积极响应社工的号召。而其他老人自然也更加配合了。

121

◆◇ 当老人因思念子女而假装生病时

一位奶奶经常对护理人员和社工表示自己肚子疼，希望工作人员能通知家属来带她出去就医。

多次外出就医后，家属与工作人员都发现，其实奶奶只是希望家人来探望她，才假装肚子疼。

有一天，奶奶又面露身体不适的表情，护士便帮奶奶测量生命体征，发现奶奶的生命体征没有特殊的状况，应该是奶奶又开始思念家人了，希望家人来看她。可是，奶奶的两个儿子前一天才到养老院探望过她，来的时候还带了很多水果和零食，奶奶还特别开心地分给了其他老人和工作人员。

但是，奶奶说自己持续性地肚子痛，要给子女打电话。

社工来到奶奶的房间，首先问奶奶："今天早餐有没有吃饱呀？"

奶奶表示吃饱了。

社工看了看奶奶的床头柜，发现有好多食物，便询问奶奶这些食物是怎么来的。

奶奶自豪地说："是我的儿子们带来的，他们对我很好，昨天才来过呢。过来，我给你吃！"

社工接受了奶奶的提议，但是对奶奶说道："那我们吃完东西以后，一起到外面运动一下好不好？不然吃太饱了，总是坐着，会感觉不舒服的。"

社工动员奶奶到大厅里做早操，奶奶听从了社工的建议，推着助行器慢慢地走到大厅，开始做早操。做操过程中，社工一直提醒奶奶要积极地活动，奶奶对社工的建议非常配合。社工通过转移注意力的方法，让奶奶将注意力转移到早操上，并不断强化奶奶表现出来的正面的行为。

随着业余活动越来越多，老人自己发呆的时间越来越少，老人的焦躁情绪日渐平息，也习惯了养老院的生活，也很少再向社工谎称自己肚子疼了。并且，还自己充满理解地说："儿子们有空的时候，就会过来看我的，我平时自己玩，到时候等他们就是了。"

♦◇ 当老人误会护理员时

有这样一位护工，她护理的一位阿姨已经83岁了。这位阿姨年轻的时候是一位军人，现在有点老年健忘症。

护工在她的房间值了三天班。吃完早饭后，就与接替的护理员交班，但楼层所有的护理员都用一种异样的眼神看着她，她不知道发生了什么事。

她走进房间，房间里有护士长，还有替班的护理员，她们都忙着在床上、枕头底下、柜子里面……翻来翻去地找东西。她觉得肯定发生了什么事情。果然不出所料，她们几乎异口同声地对她说："阿姨的280块钱不见了!"

护工听完她们的话，内心坦荡地问阿姨："阿姨，您的钱放哪里了?"

阿姨疑惑地回答："我压在枕头底下了，怎么就不见了?"

护工斩钉截铁地对她们说："不知道，我没拿。班是我值的，什么活都是我干的，就是钱不是我拿的!"

这时，护工忽然想起了一个办法，她对护士长说："给家属打电话确认一下，老人是否有那么多钱。"

护士长立马就给老人的儿子打了电话，询问阿姨280块钱的

123

事，护士长放的扩音免提，护工当时就听见阿姨的儿子说："是有 280 块钱，在一个上着锁的抽屉里面，抽屉里面有一个小包包，就放在包包里呢。"

护工当时激动极了，这个钱一定要找到！

护士长就向奶奶要来钥匙，把抽屉打开。

护工第一个跑到前面看，抽屉里面果然有一个小包包。拿起来一看，那 280 块钱全部在里面呢。

护工松了一口气，问："阿姨，这是您的钱吗？"

阿姨高兴地说："是的，这是我的钱。"

护工说："那您怎么说是我拿的？"

当时阿姨的脸色就变了，眼睛也红了，愧疚地说："阿姨错怪你了，你别放在心上。我的钱找不到了，一着急，就把护士长和护理员都叫来了。不好意思，我误解你了……"

护工理解地说："没事儿，只要您的钱能找到，只要您理解我，我就知足了，也谢谢您了。"

从那儿以后，护工与每一位护理员交接班时，首先交接钱，后交接人，再交接物资和衣服……

以后再没有出现过这种问题。

◆◇ 当老人想念请假的护士时

幸福颐养院里有一个非常可爱的爷爷，个子不高，很是清瘦。爷爷是河南人，喜欢戴一副石头眼镜，还喜欢戴着帽子。爷爷特别喜欢锻炼，每天都会在园区里走动。爷爷已经 90 多岁了，精神状态都还不错。但是，快过年的时候，爷爷突然变得不喜欢跟人说话了，每天低垂着头，情绪很低落，也不喜欢出去活动了。

护工关心地问爷爷："爷爷，您这两天怎么了？心情不好吗？"

爷爷点点头，说："是的。"

护工好奇地问："为什么呢？"

爷爷像是要哭了，哽咽着说："我这两天都没有看见我小孙女小艳了……"

原来如此！护工松了一口气。

王艳是养老院里的一位护士，她和爷爷关系非常好。

护工安慰爷爷说："爷爷，要过年了，小艳请了几天假，回去陪陪父母，过两天她就回来了。"

爷爷理解地说："我知道，她回家过年了。"

护工疑惑地问爷爷："那您为什么还不开心呢？"

爷爷渴望地说："我想听听她的声音……"

护工又松了一口气，斩钉截铁地对爷爷说："这简单。"

护工立即掏出手机，把微信打开，用手机对着爷爷的嘴巴。

护工指导着爷爷如何语音："爷爷，您可以直接说话，您想跟小艳说什么都行，您现在就说吧，一会儿王艳就听见了。"

爷爷拿着手机，对着手机屏幕大声喊："小艳，我想您了……"

爷爷的声音非常洪亮，非常清晰。

很快，护士王艳就回复了：

"爷爷，我也想您了！您好好听话，不要乱跑，我过两天就

125

回去看您了，好吗?"

爷爷乖顺地说:"好，我等你，你可一定要回来呀……"

爷爷跟王艳通话以后，心情立即好多了。

爷爷开心地说:"我现在出去转转。"

两天后，小艳回来了，第一件事就是去房间看望爷爷。那个时候，都已经晚上10点了，王艳悄悄地走进了爷爷的房间。

仿佛心有灵犀一样，本来睡着的爷爷突然间醒了，他看见王艳站在床前，高兴地坐了起来，拉着王艳的手，激动地说:"你回来了!你回来了!我想你好几天了。"

王艳陪爷爷说了一会儿话，然后对爷爷说:"爷爷，您睡吧，都这么晚了，明天早上我早点来看您，好吗?"

爷爷满足地连连回答:"好好好……"

爷爷那一晚睡得非常香甜。第二天早上起来整个人都是神清气爽的。

真心希望爷爷在我们这儿开开心心地生活下去。

◆◇ 当老人之间相互欺负时

院里有一群特殊的老人，他们无儿无女，也没有家，更没有经济收入，身体或心理或多或少都有一些障碍。

其中，有一位坐着轮椅的阿姨，总是被几位叔叔欺负。

有一天，院里举办活动。坐轮椅的阿姨推轮椅的时候，不小心碰到了其他人。大家群起而攻之。

护工当时非常气愤，对他们进行了严厉的批评:

"你们总羡慕社会上的老人，可社会上的老人有儿女家人，而你们没有儿女家人，你们互相之间就是家人，以后的日子只有你们彼此相伴，难道不能像包容家人一样去包容彼此的小缺点小瑕疵吗？"

批评完以后，大家都不吭声了。

有人开始表明自己的态度："其实这个阿姨也挺可怜的，曾经遭遇了那样的事情。"

慢慢地，大家都开始认识到自己的问题了。

护工最后总结说："是呀，阿姨是由于那些惨痛的经历才导致她现在情绪不稳，没有安全感，如果每个人都可以包容一些，多给她一些爱和关心，她得到了安全感，情绪稳定了，我们作为家人，会不会也更开心呢？"

大家听了以后都默默点头。

从那以后，老人们之间再也没有发生过争执，没有吵过架，关系也越来越融洽了。其实，每个老人都不容易，而让他们知道其他老人的不容易，设身处地思考其他老人的处境，他们就会改变自己的不好行为了。

◆◇ 当老人与护理员之间有矛盾时

有一位爷爷脾气不好，性格也比较倔强，一次晚餐后，爷爷说："我没吃饱。"

护工说："爷爷，您等会儿，我给你找吃的。"

保温桶里没吃的了，护工给爷爷拿来了一个馍馍，但是护工没有拿住镊子，将馒馒掉进了爷爷碗里。爷爷非常生气，说护工是故意的，不愿意让他吃。

他的声音很大，左邻右舍的爷爷奶奶都来劝说爷爷。但是，谁替护工说情，爷爷就和谁干仗。

社工也来给爷爷解释，护工不是故意的。但爷爷不听解释，反而脾气更暴躁了。

面对这种情况，护工感到很委屈，也很生气。

之后的某一天，爷爷生病住院了。由于疾病的折磨，导致爷爷夜间睡眠困难，脾气更暴躁了。

而此时，护工下定决心要化解她和爷爷之间的矛盾。

护工尝试着和爷爷聊天，可是爷爷不理护工。护工不放弃，继续去找爷爷聊天。终于，爷爷肯与护工说话了，而在聊天的过程中，爷爷有时候哭，有时候笑。

最后，爷爷说："我就是这种脾气，我就是直性子。我知道我把你们都惹了，都得罪了。"

护工立即安慰道："爷爷，没事儿，我们根本就没记在心里。"

爷爷释然了，接着问："我睡不着，你有什么好办法能让我睡个安稳的觉吗？"

护工拍着胸脯说："爷爷，没问题，我有一个神秘的东西，保证您能睡一个安稳的觉。"

其实护工也没有什么神秘的东西，她只是有一个睡眠监测仪，它只是监测爷爷能睡几个小时，而不是让爷爷能睡一个安稳的觉。可是爷爷一听，立刻感兴趣了，当天晚上，护工就给爷爷用上了。

爷爷惊奇地说："你这个还挺管用的，我晚上可以睡着了。"

护工笑着说："爷爷，只要您能睡安稳的觉，您每天都可以使用。"

如此，爷爷和护工之间的矛盾化解了。

有一次，领导来慰问爷爷奶奶，领导给每位爷爷奶奶发了一个大红包。领导说，怕爷爷奶奶弄丢了，就统一由护工来保管。爷爷奶奶觉得这是一个好办法，就兴奋得排起了队，放心地把钱交给了护工统一保管。

可是爷爷不愿留这个钱。他要把钱分给其他人，其中也包括护工。

护工当时很惊讶，也很感动。

爷爷非常真诚地说，总共有 300 块钱，其中 200 块钱分给另外两个人，一人一百，然后给护工一百。

护工拒绝了，说："爷爷，您把钱还是留着，您想吃啥您就买啥。"

爷爷失落地说："我上了年纪了，啥也不想吃，哪儿也去不了，要钱干啥，这钱，你一定留下……"

当时，眼泪已经在护工的眼眶里打转……

就这样，护工和爷爷的关系越来越好。爷爷就算有再大的火，也不骂护工了。

129

◆◇ **当两位老人打架时**

有两位爷爷，一位 86 岁了，精神很好，经常玩扑克，也和其他老人聊天。另外一位爷爷也80多岁了。

有一天，中午12点多时，两位爷爷在走廊里聊天，聊了一会儿，不知道怎么回事，两位爷爷居然吵起架了，吵了一会儿，俩人又打起来了！

护工赶快拉开两位爷爷，劝解道："你们不要打了，你们两个都80多岁了，怎么还打架？这是为了什么？"

一位爷爷说："他骂我，我就是要打他。"

另外一位爷爷说："你就是有问题，还不让人说。"

说完，两位老人又打起来了。

护工大声喊道："两位爷爷不要打架了，行吗？你叫我向院长怎么说，你们这样，我还能干下去吗？你们都是我的爷爷，你们叫我怎么说你们？"

说着说着，护工流下了眼泪，她继续哭着向两位爷爷说："我的老妈今年85岁了，她一个人在家里，我都没时间看她。在这里为你们能过上幸福的日子，给爷爷奶奶擦屎擦尿。难道两位爷爷就不为我想一想吗？为了照顾好爷爷奶奶，多脏多苦的活儿，我都不怕！"

护工说完这些话后，两位爷爷不打了，也不再动怒了，对护工点着头说："是爷爷错了。"

其中一位爷爷拉着护工的手，安慰护工说："不要哭了，走，去我房间里。"

爷爷把护工拉到他的房间里，给护工擦了擦眼泪，抱歉地说："小张，你好好干，爷爷错了，爷爷今后一定听你的。你干得很好，领导不会批评你的。你是个老实、有孝心的孩子。"

第二天，两位爷爷看见护工时，都很高兴。护工打扫房间卫生时，两位爷爷还一起帮护工干活。

从此，两位爷爷再没有吵过架，非常团结。

将心比心，让老人知道护工的不易，老人们就会消除自己的问题，更多地配合护工了。

◆◇ 当同房住的老人产生冲突时

（一）

两位爷爷同住在一个房间里，一位爷爷的眼睛看不清楚，行动的时候需要护理人员协助其坐上轮椅，再由护理人员推着外出。

另外一位爷爷的腿不能自由活动，行动不便，也需要护理人员协助其坐上轮椅，但这位爷爷可以自己推着轮椅去活动。

可以自己推着轮椅活动的爷爷，每天习惯很早就起床去洗澡，大概早上五点左右就要起床了。洗完澡，还要排大便。爷爷长有痔疮，因此每天早上占用洗手间时间比较长。

如此，每当视力不好的爷爷想要进卫生间的时候，发现另外一位爷爷还没有从卫生间出来，就会非常生气，嚷道："你天天霸占着洗手间那么长时间，别人怎么用？这个房间是你一个人的吗？你早上起床那么早，影响我睡觉，还用那么长时间的洗手间，我每次都要迁就你吗？"

护理员立即跟爷爷解释道："卫生间里的那位爷爷因为有痔疮，爷爷为了能在您起床前完成洗澡、上厕所这些事情，所以他是特意每天很早就起床，甚至晚上没有睡好，第二天也要早起做这些事情，反倒都是为了您啊，有这么一个都为您考虑的室友，其实，多不容易啊，您说呢？"

爷爷听完护理员的解释，气就消了。

之后，两个老人的相处，就越来越融洽了。

（二）

同样是两个老人的矛盾，是两位奶奶的。她们同住在一间房里，有时候，两个人也会吵架。

有一次，吵架完后，一位奶奶很生气，自己坐在大厅里生闷气。一看到护理员经过就招手把护理员叫过去，然后告诉护理员，觉得同房的奶奶很凶，经常不讲道理，两个人有时候还会发生拉扯。

奶奶生气地说："今天，我不小心把拐杖放到了比较靠近她的柜子，她就用手把我的拐杖推开，还说不允许我的东西放在公共区域。"

奶奶觉得受委屈了，特别生气。所以不想回房间见到她。

护理员首先对奶奶的情绪进行安抚，等奶奶情绪稳定后，再详细了解情况，之后发现：原来两位奶奶之间大多是因为生活习惯不同而引起冲突。

护理员特意从积极的角度问奶奶："那你们有没有不冲突不吵架的时候呢？"

奶奶告诉护理员，自己并不希望和她吵架，只是两个人脾气都上来了，谁也控制不住。

护理员继续问奶奶："那平时你们两个有没有互相帮助、互相照顾的时候啊?"

奶奶认真地想了一下,语气柔软了下来,告诉护理员:"平时她的家人给她带水果来的时候,她都会很主动地分给我。我每次有什么好吃的,也会和她分享。"

护理员顺着奶奶的话说:"你们平时其实也经常互相照顾的,以后再发生不愉快的事情的时候,可以想一下互相帮助的事情,这就像以往您和您的好朋友一样,两人也有矛盾也有关心,但仍然是好朋友不是吗?"

经过护理员的开导,奶奶的心情好多了,便随着护理员回房间休息了。

◆◇ 当老人要求调换房间时

有两位奶奶住在同一个房间。

有一天,一位奶奶向工作人员反映,说另一个奶奶每次上洗手间的时候,都会用轮椅撞到她的床。那位奶奶每天晚上都要上好几次洗手间,所以她整晚睡不着觉,感觉很烦躁。

奶奶要求工作人员给她换一个房间,她说自己已经找了一个伴了,她们两人要一起住在双人房,不要住在这个五人房了。

工作人员了解了这个事情之后,先去看了一下房间的整体布局,发现两位奶奶的床之间的空间太小,所以,另外一位奶奶夜里去洗手间,在轮椅转弯的时候,就会碰到她的床。

为此,工作人员把奶奶的床头柜与她的床的位置对调了一下,使两位奶奶的床紧挨着,把轮椅放在床的另外一面。这样奶

133

树荫，乘凉的好选择

伙伴们坐在一起，谈心聊天很放松

奶起身的时候，就可以从床的另外一边推着她的轮椅去洗手间了。这样既不影响奶奶的休息，也给另外一位奶奶去洗手间提供了一个方便的通道。

如此处理后，奶奶告诉护工，她觉得很满意，不再要求换房间了。

其实，之前奶奶是想让护工教教另外一位奶奶怎么用轮椅，但是护工觉得那样沟通，会伤到另一个奶奶的自尊心，于是采取了上面更巧妙的处理方式，如此，就皆大欢喜了。

◆◇ 当老人舍不得儿子出国时

有一次，一位奶奶的儿子从国外回来，陪了奶奶整整四天，之后，就要返回国外了。

那天早上 8 点，奶奶坚持要求儿子再带她去已经去世 5 年的丈夫的墓地。

为了满足奶奶的意愿，儿子答应了奶奶的要求。

出门时，奶奶穿了爷爷在世时最喜欢她穿的那件衣服，还配了一双漂亮的鞋子，看上去很得体大方，奶奶自言自语地说："这是他最喜欢看我穿的衣服。"

这件衣服在衣柜里足足挂了 5 年，奶奶住在养老院第二天，就要求护工带她回家去取来这件衣服。

晚上 8 点，她儿子陪着奶奶回来了，护工上前握住奶奶的手，热情地说："奶奶回来了。"

奶奶高兴地说："嗯，回来了。"

135

奶奶显得好开心，逢人就自豪地讲："这是我的儿子，从国外回来的，今天陪我去看他爸爸了，我还看了我的妈妈。"

奶奶的笑容是那么灿烂，是那种发自内心深处的高兴。

护工搀扶奶奶回到自己的房间，坐在助老椅上，脱去奶奶那双漂亮的鞋子，看到奶奶双脚已经明显浮肿，护工心疼地说：

"奶奶，您今天走的路太多了，脚都肿了，咱们用热水泡泡脚好吗？"

奶奶连连点头说："好好，泡泡脚。"

这时护理员已经端来为奶奶准备好的泡脚水，给奶奶泡起了脚。

因为中国和国外的时差关系，再加上连续几天陪伴母亲，奶奶的儿子看上去很疲惫，在美国最放心不下的就是母亲。了解了母亲在养老院的生活，他放心地把母亲托付给了护工，回家准备收拾明天返回国外的东西。

这时候奶奶的情绪一下子低落了，半天不说一句话，眼泪顺着眼角流了下来，哽咽着说："你要走了……"

护工给奶奶擦去了泪水，蹲在奶奶旁边，握住奶奶的手，劝慰奶奶不要难过：

"奶奶，您儿子有自己的事业，您不能这样说，您要好好地活着，您儿子过段时间就会再看望您的，儿子不在您身边，我们会替他照顾您的，我们都是您的儿女。"

奶奶擦了擦眼泪说："是的，我知道孩子长大了就要有自己的事业，我就是舍不得他走……是的，你们还在我的身边。"

护工说："对啊，平时，你如果想吃什么、想做什么，就都告诉我们，如果想出门，我们也可以陪您一起去，平时里你就高高兴兴、健健康康的，然后，经常和儿子通话，每隔一段时间儿子也都来看您，这样，不是挺好的吗?"

这样说了之后，奶奶的情绪渐渐平静了。

第二章
脑萎缩、认知障碍老人烦恼痛苦解决纪

◆◇ 当老人不能在正确地点排便时

幸福颐养院里住着一位爷爷，他已经有 90 岁高龄了，由于患有脑萎缩，他在认知方面有些障碍，最大的喜好就是在园区里走，与护工相遇时，打招呼的方式就是互相击掌。

有一段时间，护工发现：园区里有些地方，经常会有人大小便，事后发现，是这个爷爷弄的。

有一天，护工发现，爷爷走进公共卫生间，将所有的房门门把手都按一下，像是在寻找什么。

护工就去问爷爷："爷爷，您是想去卫生间吗?"

爷爷点点头。

知道了爷爷这种行为后，院领导特意让员工把公共无障碍卫生间打开，专门带着爷爷去了这个地方，以便他能够找到上厕所的地方。同时，告诉爷爷，以后想大小便的时候就可以去无障碍卫生间。

但由于爷爷记忆力不好，还是不能自己来到这里排泄，还是会在其他地方排泄。

为此，护工很担心，一是爷爷排便情况不正常，二是公共卫生间非无障碍的大便池是蹲式的坐便器，而老年人腿的力量是无法完成下蹲和站起来这两个动作的。护工担心爷爷的脚会不小心滑到便池里，如果卡到便池的洞里，就会有很大的危险了。

那天，打扫完卫生间后，护工在前台见到了爷爷，护工故意跟爷爷说："爷爷，您带我去无障碍卫生间小便一下吧。"

爷爷拉着护工的手，他们一起向无障碍卫生间走去。

爷爷把护工带到无障碍卫生间的门口，问护工这是女厕所还是男厕所。护工告诉爷爷说：

"这个，男女可以共用的，就到这里解手吧。"

护工教爷爷在门口按下电灯和排风扇的开关，扶爷爷走进了卫生间里。

护工问爷爷小便吗，爷爷说想。护工教爷爷把马桶的坐垫翻起来，告诉爷爷离池子近一点，就在这个池子里面小便。

爷爷自己在解裤子，护工就站在门口，稍微打开一点门，观察爷爷整个排泄过程。看到爷爷排泄完小便后，又冲洗了马桶。

爷爷走出来。护工又嘱咐爷爷把门口的开关关了。

之后，院领导在交班会上提醒所有的员工，以后每个人见到爷爷的时候，都要主动询问爷爷是否需要排泄，如果需要，就给他指明无障碍卫生间在哪里，并且必须手把手一步一步教授相关流程，每次都要这样；以此来养成以及强化老人在正确地点正常排泄的良好习惯。同时，把暂时没有人用的蹲厕公共卫生间都锁起来，保证老人不再去这些地方，以免发生意外。

经过一段时间的反复、强化训练后，老人的排便问题最终解决了。

◆◇ 当老人倔强时

有位爷爷是上海人，患有高血压、脑梗后遗症及认知障碍，走路的时候左腿一瘸一拐的，看起来像是马上要跌倒的样子。

爷爷只有两个女儿，都在外地，所以爷爷就住进了养老院。入住养老院时，被安排到一个两人间的房间，当时还有一位爷爷和他同住。

爷爷刚来不久的一个晚上，睡了三个小时就起床了，不愿意待在房间里，坚持来到楼层大厅，坐在那里的沙发上。

护工心疼地问他：

"爷爷，你怎么不回房间睡觉呢？坐在这儿会感冒的。"

爷爷用惺忪的睡眼看了护工一眼，倔强地说："你回去睡觉去，别管我，我在这儿坐会儿。"

其实爷爷并不知道当时是白天还是黑夜。

护工继续劝爷爷："爷爷，现在是晚上 12 点，你回房间睡觉吧，等天亮了，您再出来坐这儿，行吗？"

爷爷突然满是渴望地说："我想回家看我的房子盖好了没有。"

护工安慰爷爷说："那也要等到天亮才能去看，明天我带你去看你的房子好吗？"

爷爷看着我，继续固执地说："我的房子好几年前拆迁了，我得回去看看，现在盖好了没有。"

护工伸出手，准备搀扶爷爷回房间。

爷爷愤怒地大声骂护工："去、去、去！别管我，你去睡你的！"

爷爷的眼睛瞪得特别大，像是要打护工的感觉。

看见爷爷生气的样子，护工很害怕，什么话也没敢多说，就静静地坐在沙发的另一端，默默地等待着……

一直到爷爷情绪完全平静下来，护工才把他带回房间。

那时已经是凌晨4点，爷爷已经筋疲力尽了。

第二天，护工向院领导讲述了昨天晚上的事。

院领导知道这位爷爷患有认知障碍，只是劝慰，是没有什么作用的，就叫护工带爷爷回去一趟，满足一下爷爷的心愿。

护工不但带爷爷回去，而且特意找到爷爷以前居住过的街道办事处的管理人员，把爷爷的事给街道管理员讲了一下。

街道管理员对护工说："这位老人以前是一个公司的水暖工，住的是公司的房子，这些房子早就不属于个人房产了。"

爷爷听后，沉默了一会儿，才说：

"我知道了，房子被他们收了，咱们回家吧，我不要了，以后就住养老院了。"

回来以后，爷爷再也不说回去看房子的事了，他还感动地对护工说："今天真得谢谢你！"

有的时候，老人的吵闹并不是性格脾气的原因，而是因为心愿未了，那就尽可能帮助老人实现他的心愿吧！

◆◇ 当老人因想念子女而闹情绪时

一位爷爷患有糖尿病和认知障碍，住进了养老院。由于换了一个新护工，老人并不满意这位新护工的到来，一天到晚在护工耳朵边上说："哎哟，还是先前那个姑娘好呀，又年轻，又会照顾我们老人。"

有一天早上，护工给爷爷的房间打扫卫生，爷爷在床上躺着看窗子外面的风景，护工一不小心，手一抖，把爷爷和他女儿的合影照片打翻在地上。

爷爷听到声音，马上下床。护工还没有反应过来，他就站在护工面前，指着护工的鼻子骂骂咧咧地嚷道：

"你看你做的好事！哼！手脚这么笨，还来照顾我？瞧那镜框都碎了，哎哟，我的孩子……"

此后，爷爷三天没有和护工说过一句话。

护工认真思考了一下：我来这儿照顾老人，本来就应该尽心尽责。爷爷也是可怜的人，也有他的难处。

想到这儿，护工马上跑过去，来到爷爷跟前，向爷爷诚恳地道了歉。

可爷爷脾气倔，就是不肯转过头理护工，一直盯着手里那张没有相框的照片看。

护工也无计可施，但护工不想就这样放弃。

突然，护工想到了一个方法，她找到了爷爷儿子的联系方式，打电话给他，询问他近期能否过来看看老人，好让爷爷心里

143

有个安慰。

在护工向爷爷道歉后的第三天，爷爷的儿子来了，进门就对着爷爷动情地喊了一声："爸!"

爷爷虽然倔得不得了，可他始终想着儿子，看见儿子的时候，开始默默地抹眼泪，伸出干巴巴的手去抚摸儿子的头，老泪纵横地嗔怪道：

"儿啊……"

通过这件事，护工明白了，爷爷其实不完全是痴呆的，他心里头还牵挂着俩孩子呢。

后来，爷爷知道是护工把他儿子叫来的，对护工的态度也发生了极大的转变，对护工说话也越发和颜悦色，并且百分百配合护工的照料了。

而护工也由衷地明白一点：老人都一样，表面似乎很暴躁，其实内心却很柔软。

◆◇ **当老人想要翻墙出去时**

今天是母亲节，大家都休息了，社工在院里值班。

下午，社工正在忙着写文案，突然听到有人说院里一位爷爷攀爬围墙，被工作人员及时发现制止了。

爷爷是一位90多岁的轻微失智症患者，多数时候脑子还算清醒，步伐缓慢但腿脚也还不错。

社工决定跟他好好谈谈，于是有了下面的对话：

"爷爷，您下午为什么要翻墙呢?"

"没有，我没翻出去。"爷爷否认地说。

"如果翻出去了，您想去哪呢?"社工继续追问。

"不知道，没想好。"爷爷不再否认。

"那为什么要翻墙呢?"

爷爷低下头，许久，突然抬起头说:"自由……"

这两个字，他说得不是特别清楚，社工却听得很清晰。突然，社工不知道该说什么了……社工随手拉了一把椅子让爷爷坐下，社工蹲在他身旁，想了想说:

"那么高的墙，您想过万一摔下来怎么办吗?"

"摔下来，那就没了呗! 多好，省心，省事。"爷爷轻描淡写地回答。

"那您有想过吗? 万一摔下来，腿摔坏了，以后再也下不了床了怎么办? 您那么爱溜达，每天从早溜达到晚上，虽然不能出园区，但每天至少都可以下楼在园区里看看花花草草，晒晒太阳。要是翻墙把腿摔坏了，床都下不了，别说出去转了，连在院子里溜达，都不能了，对不对?"

爷爷低头玩弄着衣角，半天不说话。

社工伸手握住爷爷的手，爷爷抬头看社工，社工给了他一个大大的笑脸。

爷爷看着社工说:"不翻了，不翻了……"

"我知道您有点无聊，这样，以后我们都会尽可能地陪着您，您想去哪儿，也要告诉我们，我们陪您去。我们不能陪您去，会让您的儿子陪您去。但您真的不可以自己翻墙，太危险了!"社工语重心长地说。

"肯定不翻了，"爷爷伸手摸向社工的脸，抱歉地说，"放心，

145

你别着急了!"

多么可爱又多么让人心疼的爷爷呀!

◆◇ 当老人到处乱走时

有一个周末,社工在院里值班,他同时还帮忙照看一位有认知障碍的爷爷。

这位爷爷十分有趣,他的好奇心很重,喜欢到处走动,与人聊天。而与人聊天时,话题也非常具有跳跃性,上一秒和你聊什么食物好吃,下一秒就已经跳到教人处事的道理之中。同时,他有一点让社工很敬佩,那就是他的手工能力很强,包括叠东西都非常整齐。

不过,作为一个有认知障碍的老人,总是乱走乱动,还是有一定风险的。于是,社工值班的时候,特意把爷爷带到办公室,拿出一些报纸和一大堆的积木,对爷爷说:

"爷爷,您要不要坐下看会报纸啊?听说今天有大新闻哦,您要不要看看是什么大新闻?"

爷爷马上说:"哦?是吗?那快把报纸给我看看。"

爷爷大概看了10多分钟的报纸,便起身想要外出。

为了防止爷爷乱走及不小心摔跤,社工赶紧指着爷爷旁边的积木说:

"爷爷,听说您叠东西很厉害,可以叠得很整齐,您可以帮我个忙,把办公室这堆积木叠整齐吗?"

爷爷立即来了兴致,兴奋地说:"好,叠积木我最拿手了。"

说完，爷爷开始全神贯注地叠积木。

社工不时偷偷观察，爷爷叠每一个积木都非常认真，非常严肃，有时还长时间思考着，好像在作重要的"决定"。

大概又过了二十几分钟，爷爷站起来，伸伸懒腰，又想出去乱走。

社工说："爷爷，您这么快就叠好积木啦，不错啊，还叠得这么整齐！"

爷爷开心地笑了，然后又坐了下来。

接着社工又问："您要不要再看看其他报纸啊？看看最近有没有错过什么大新闻，然后您给我好好讲讲！"

爷爷犹豫了一下说："现在离吃饭时间还有多久？"

社工回答："还有半个多小时。"

爷爷点点头道："好吧，我再看看报纸，你呢，也要好好工作！"

说完，他拿起报纸、跷起二郎腿，继续看报纸。

就这样，社工通过"赞美式"的一个个建议，引导爷爷完成了一个又一个的"任务"，避免了他在特定时间到处乱走的风险。

147

◆◇ **当老人夜里怕鬼时**

院里有一位奶奶，存在轻度认知障碍，她总是认为只要一到了晚上，自己的房间里就会有鬼。

晚上，奶奶不愿意回房间睡觉，总是坐在大厅外面，有时甚至走进医护人员的办公室里，坐着不愿意出来。

到了晚上，社工走进奶奶的房间观察，看到有树叶的投影印在房间后门的玻璃上。

社工走到外面，拉着奶奶的手一起走进房间，指着后门的树影问："奶奶，您说的鬼是不是在后门玻璃上的那个啊？"

奶奶一看后门，马上躲在社工的背后，用带着些许颤抖的声音小声地在社工耳边说：

"是啊！就是它，你要小声点，不要让它听到我们讲话的声音，不然他会过来害我们的。"

社工向奶奶解释说："玻璃上的是树叶的投影，不用害怕。您看，我走过去，也没什么事。"

但是这样的解释并没有让奶奶放松，社工来回走了多次，奶奶还是紧张害怕，不敢回房间睡觉。

最后，社工与楼层管家商量打算为奶奶换一个房间，从三楼换到四楼。但奶奶不愿意搬，说是不熟悉四楼的环境。

于是，之后的几天里，社工抽空就带奶奶到四楼闲逛，给奶奶介绍四楼的设施，同时，介绍一些热心的老人给奶奶认识。

经过一段时间后，奶奶对四楼的环境逐渐熟悉了，换房的事情也就很顺利地进行了。

换到四楼后，奶奶再也没说房间里有鬼了。

◆◇ 当老人乱倒剩饭时

院里有一位爷爷，退休前是一所小学的校长。后来患有认知障碍，病情越来越严重，子女白天都要上班，爷爷一人在家无法

一起保持干净的环境

在外面"排排坐"，聊聊天

幸福颐养的 100 个故事

得到更好的照顾，于是就被送到养老院。

刚入院时，爷爷性格开朗幽默，也非常爱干净，院里的老人和员工都非常喜欢他。但是，随着认知障碍逐渐加重，这个疾病对他的日常生活产生了影响，比如，爷爷吃完饭后，会将吃剩的饭菜从阳台直接倒到楼下去。

对此，社工进行了相关的分析，得出的结论是：

在认知上，爷爷知道剩饭剩菜是要倒掉的，但是不知道应该把剩饭剩菜倒在什么地方。

于是，在爷爷用完餐后，社工特意走到爷爷面前，弯下腰对他说："爷爷，听说您以前是学校的校长，对不对？"

爷爷开心地说："对啊，我们学校有好多学生，学校的环境也很好。"

社工说："那您平时有没有教育他们要讲卫生呢？比如说，不能乱扔垃圾，要保持环境卫生清洁之类的？"

爷爷说："当然有啊，讲卫生是必须要做到的，不然怎么保持校园整洁呢。"

社工紧接着说："那您到了养老院住，这里就是您的家啦，那为了家里保持整洁干净，我们以后吃完饭，就不要将剩饭倒到楼下了，好吗？因为这样既不卫生，又得麻烦护理员来打扫，对不对呢？"

说完，社工又指着垃圾桶的位置，说："爷爷，如果您要把剩饭剩菜倒掉的话，可以倒在那个垃圾桶里面。"

爷爷听后，点了点头，还笑着说："好，那我以后就把剩饭菜倒在垃圾桶里面。"

之后，为了巩固这次交谈的效果，也为了爷爷能够形成习惯，每次在爷爷就餐结束后，社工都会走到餐桌前，提醒爷爷。

这样的提醒，持续了半个月的时间。

如此，爷爷就再也没有把剩饭从阳台上倒下去了。

从老人的"人生骄傲点"入手，对他的问题进行劝诫，效果就会非常明显。

◆◇ 当老人走错房间时

（一）

院里有一位奶奶，有些认知障碍，经常会走错房间、认错自己的床。

为此，社工想到了一个办法：组织院里的老人为自己门前的花浇水，并在每盆花的花盆上，贴上负责浇花的老人的姓名。

大概一个月之后，有一天早上，社工推奶奶回房间时，奶奶指着她门前的花主动对社工说：

"就是这盆花，这盘花的对面就是我的房间。"

社工抬头一看，真的是奶奶的房间！

简单的一个方法便取得了高效的认知效果。

151

（二）

还有一位奶奶，也经常走错自己的房间，有一次还错进了一间男性宿舍，刚好该宿舍有一位脾气很大的爷爷，爷爷见到奶奶进来，破口大骂，奶奶被吓得不轻。

社工找到奶奶，安抚了奶奶惊慌的情绪，待奶奶平静下来后，社工说："奶奶，我们一起弄一个标志，贴在您的房门口，这样您就不会走错了，好吗？"

奶奶说："好啊，我也好怕再走错，刚刚那个爷爷好吓人啊。"

社工拿了张黄色的 A4 纸，画了个笑脸，对奶奶说："奶奶，您喜欢这个笑脸吗？"

奶奶说："喜欢啊，像我的孙子一样可爱。"

社工说："奶奶记住这个笑脸，我们把它贴在你的门口，你每次进门，先看看门口，如果有这个笑脸再进来，好吗？"

奶奶说："嗯，好的。"

最后，社工又带着奶奶模拟了好几次，每次都到奶奶看到"笑脸"，进对了房间才结束。最终，奶奶不会再走错房间了。

◆◇ 当老人夜里不睡觉时

有位奶奶今年 90 岁了，患有认知障碍症，容易健忘，夜间不喜欢上床睡觉，总是记不住很多事情，更记不住护工的名字。

护理主任每天都要找奶奶聊天，听奶奶讲她过去的事情，听奶奶讲完故事后，主任都会反复告诉奶奶自己的姓名，有意识地让奶奶记住自己的名字。

这样的状况持续了两周的时间。

那天，轮到主任值班，晚上 21 点查房，为了全面了解奶奶夜间护理和睡眠情况，主任从门口探视窗里观望房间的情况，看到奶奶仍然没有上床睡觉，主任轻轻敲了敲门，走了进去。

这时候奶奶好开心，喊着主任："美女姜。"

主任和奶奶来了个亲密拥抱，握住奶奶的手，连连夸奖说，"奶奶您真棒，您记住我的名字了。"

奶奶自豪地说："你不就是姜主任嘛，每天陪我们开心的那个美女姜嘛。"

主任感动地说："奶奶，只要您开心，我就天天陪您聊天，听您讲故事。"

说完这些，主任搀扶着奶奶坐在床边，安顿奶奶上床休息，奶奶就比较配合。

主任又问奶奶：

"咱们护理员有没有给您用热水泡脚？"

奶奶想了想说："泡了泡了，你们对我太好了，太关心我了。"

主任温柔地说："奶奶，那我们也让护理员休息休息，咱们上床睡觉好不好？"

奶奶开心地说："好，听你的，上床睡觉。"

主任仔细地安顿奶奶上床，盖好被子，关好门窗，拉上窗帘，保证地面没有障碍物，关了大灯，开了小灯。

最后，主任趴在奶奶耳边轻声地说："奶奶，乖乖睡觉，天亮了我来看您。"

奶奶连连说："好，你也快去睡觉了，为了我们你们太辛苦了。"

患有认知障碍症的老人，讲道理是没有用的，但她最需要身边有人陪伴，即便不知道对方是谁，也知道对方对自己的好，在

153

这样好的气氛和关爱下，许多问题就可以迎刃而解了。

◆◇ 当老人记忆及逻辑能力下降时

针对患有轻度认知障碍的老人，社工开展了一系列的活动，以帮助他们巩固记忆、锻炼逻辑能力和计算能力，其中一个活动是：引导老人模拟去市场买东西，然后回家做饭。

首先，社工准备了一些水果、蔬菜、肉类、柴米油盐之类的图片，在图片上面标明了价格。然后，社工带着老人去辨认那些图片分别是什么东西。

社工告诉老人："今天，我们每个人都要做一道自己的拿手菜。大家先看一下这些图片都是什么东西。之后根据你们要做的拿手菜，把各自需要的东西买回家。"

老人们开始挑选他们需要的卡片。

接着，社工要求老人把他们挑选出来的卡片在面前铺开，计算一下买这些东西一共需要多少钱，卡片上面标注有价格，有的三块，有的五块，有的十块……

老人们开始计算他们面前的东西一共是多少钱。计算完所需要的食材价格之后，就开始模拟做饭的场景了，社工对老人们说：

"假设，现在我们回到家里的厨房了，我们开始做自己的拿手菜了，那么，该是什么样的步骤呢。"

有一位老人要做的菜是西红柿炒鸡蛋。他对大家说，首先把油放进炒菜锅里，然后打鸡蛋，打鸡蛋的时候加一些盐，等鸡蛋炒得两面都有一些焦黄了，就可以把西红柿放进去，放了西红柿之后，下一步就是翻炒，然后放一些水，之后就盖上锅盖，盖了锅盖之后要等几分钟，接着就掀锅盖，然后要加糖和盐。

老人说得非常具体！非常具有操作性！

在这个过程中，他的思维及记忆都得到了非常好的训练。其他老人，以此类推。

锻炼老人的记忆及逻辑能力，其实真的很简单：用他们最熟悉的事情，请他们来进行具体的步骤表达：每个步骤是什么，首先做什么，接着做什么，再接着做什么，每个步骤大概用多少时间。

不仅是模拟做饭，其他的事情也可以这样做！

◆◇ 当老人拒绝洗澡时

（一）

院内有一位奶奶，有认知障碍，而且非常不喜欢洗澡。每天，护理人员都要耗费一个小时的时间劝说奶奶洗澡，有时还不一定能劝得动。

奶奶有时会出现大小便失禁的情况。每次奶奶把裤子弄脏后，不是第一时间通知护理人员，而是默默地把弄脏的裤子折叠好，放进衣柜中。

有一天，要给奶奶洗澡了，护理人员发现奶奶的柜子里面又藏着两条脏裤子，柜子里散发出一股异味。

155

护理员马上把脏裤子取出来，对奶奶说："奶奶，下次裤子脏了要通知护理人员，有人会帮您拿去洗衣房清洗的。"

奶奶一脸不解地问道："我柜子里面的裤子明明是干净的，怎么可能是脏的呢！你说谎！"

护理人员把裤子拿到奶奶面前，耐心地对奶奶说："奶奶，您看看，您的裤子上面是不是有黑黑的痕迹啊。奶奶，您身上沾有大便了，我们去洗澡好不好？"

奶奶坚持认为自己身上没有脏，不用洗澡，还骂护理员，让护理员出去。

护理员继续耐心地劝解说："也许是我没有看清楚，那您和我一起闻一下，您身上有没有异味，如果有异味的话，我们就去洗澡好不好？"

奶奶和护理人员一起仔细闻了一下自己身上的味道，才发觉身上确实有臭味。奶奶表情有点惊讶，望着护理员，不说话了。

这个时候，护理员直接把洗澡椅推到了奶奶面前，奶奶就比较配合了。

奶奶干干净净地洗了个澡，还对护理员说："谢谢你！"

当患有认知障碍的老人不配合时，护理人员不要去讲道理，要用实际的动作、肢体语言及眼见为实的方式引导老人了解"真相"，进而让对方配合护理工作。

（二）

还有一位老人，身体各个指标都不错，但是认知障碍的病情十分严重，经常上洗手间的时候忘了冲水，晚上的时候也不记得要洗澡。无论护理人员如何与老人沟通，老人刚刚答应了，但是一转眼又会忘记。

　　工作人员尝试过协助这位老人洗澡，但是老人不愿意。老人告诉工作人员，他自己可以做到的事情不需要别人帮助。但是老人长期不洗澡，不记得上洗手间要清理洗手间，导致老人身体体味很严重，同房的其他老人都投诉这位老人。

　　通过与家属和社工沟通，护工了解到这位老人退休前是一所小学的校长，拥有很高的社会地位，并且练得一手很好的书法。

　　于是，护工就以"校长和书法"作为切入点……

　　护工让老人用书法的形式写出"便后请冲洗厕所"这句话，然后张贴在洗手间里一个非常显眼的位置。这样做，一方面肯定了老人的书法，另一方面，让他对自己写下来的内容感到亲切，每次去完洗手间，看完自己写的提醒的字，他就会记得冲洗洗手间。

　　另外，护理人员每次见到他，都尊称他为"校长"，每次与老人沟通，都会首先这样说：

　　"校长，我们想要跟您学习一些东西，您能不能教教我们?"

　　过了一段时间之后，护工发现这些小方法的效果非常明显：老人记得上完洗手间要冲洗了，并且老人开始注意自己的外在形象，每天都及时洗澡。甚至有的时候，还没有轮到他洗澡，就会主动提醒工作人员他今天要洗澡。

　　老人的家属对护工说，老人自从患上认知障碍症之后，在家里的行为习惯都变得特别差，身上经常有异味。虽然家里人不断提醒，但总达不到比较好的效果，有时候还要喷空气清香剂来掩盖老人身上的异味。但是自从入住幸福颐养院之后，老人真的变了!

157

◆◇ 当老人不愿意吃药时

院内有一位奶奶，平时需要由医护人员喂药给她吃，但她总是不肯吃药，总说自己的肚子很胀，不舒服，不愿意吃药。

但是奶奶的药必须在餐后服下，不能间断。

奶奶有轻度的认知障碍，所以对于刚刚发生过的事情或者说过的话，很快就会忘记了。因此每当奶奶不愿意吃药的时候，护理人员并不会强制奶奶服下，而是对奶奶说："奶奶，吃饱饭了，我陪您去散散步，好吗？"

一般情况下，奶奶都会很高兴地说："好啊！"

护理员跟着奶奶一起散步，在楼层逛完一圈回来之后，奶奶就忘了刚刚不愿意吃药的事情了，心情也好转了，护理人员再把药和水拿到奶奶面前，告诉奶奶："逛完了，累了，我们喝口水吃点药吧，然后就不会累了。"

这个时候，奶奶就会很配合地把药吃了。

对于有认知障碍的老人，其实，也可以"利用认知障碍"巧妙解决老人的执拗。

◆◇ 当老人拒绝进食时

有一位认知障碍老人，因为吞咽有些困难，所以经常拒绝进食。对此，护理人员也经常一筹莫展，后来，护工发现老人很想念自己的家属，很希望家人来看望自己。

于是，护理人员就撒了一个善意的谎言。

在老人吃饭的时候，护理员走到老人的面前，亲热地喊道："干妈，我来看您啦！"

老人愣了一下，但随即很高兴，面带笑意地问道：

"你是阿玲吗？你怎么现在才来看我啊？"

护理人员回答："我前段时间出差了，一回来，就来看您了，对了，现在是午饭时间，我陪您吃饭吧！"

老人激动地点了点头，回答了一声"好"，自己就拿起餐具主动吃饭了，并且吃得特别香！

之后，护工经常采用这样的方法，装扮成老人的多个亲属，和老人一起进餐，而老人也明显很享受和"家人"一起吃饭的感觉，吃得也很香，慢慢地，老人就不那么抵触吃饭了。

♦◇ 当老人容易遗忘时

有一位老人，患有比较严重的认知障碍，过去的东西基本上都不记得了，而现在的事情，无论护工如何教他，他都会很快遗忘。平时的时候也有点躁动，喜欢到处乱走。

后来护工通过了解，知道这位老人年轻的时候做过村支书。

护工和他聊天的时候，提及他曾经当过村支书的事情，他就显得特别安静，也特别愿意跟护工聊天。他会告诉护工他从哪里来的，以前做什么工作的，当了多少年的书记，都经历了一些什么事情……

院内最热闹的地方——活动大厅

定期举办活动，为老人带来欢乐

后来，护工称呼他的时候，索性就叫他书记，老人就很高兴。之后。护工就用这个"标签"来寻求老人的配合。

护工会这样对他说："书记，您能不能坐在这里给大家开会?"这位曾经的书记就会带领其他老人一起围坐成圆圈，拣豆子。

每次叫他书记的时候，他都感觉到了护工对他能力的认可和尊重，他就会很配合护工的工作。慢慢地，平时也不再到处游走，不再影响其他人的休息，因为，他是大家的好书记嘛!

第三章
百岁老人烦恼痛苦解决纪

◆◇ 激发百岁老人的兴趣

老人年龄到百，对外界事情的兴趣就越来越少，那么，如何强化他的兴趣呢？

社工在照顾百岁老人时发现，有一位老人除了喜欢小朋友之外，好像并没有其他东西可以引起这位百岁老人的兴趣。但是，不可能每天都有青少年朋友来探访或者慰问。

后来，社工又了解到，这位老人非常喜欢听粤语歌曲和粤剧。

有一天，社工特意把这位老人带到一个功能室，给他播放一些经典的粤剧。社工发现，播放粤剧的时候，这位老人非常安静，坐在那里听得津津有味，听到高兴的时候，还会用点头的动作——应和粤剧的节拍。

后来，社工在服务工作里就加了一项内容：专门为老人不定

163

期播放一些本地的曲目，比如粤剧、广东乐曲等等。另外，社工还根据老人的兴趣特意设定一些场景，让老人再去感受、再去回味，比如，逛花市、唱大戏等。包括与一些社会团体合作的时候，都建议这些社团用老人感兴趣的本地音乐文化、乡土文化与之互动，如此，老人对许多活动的参与度就非常高，参与起来也非常开心。

◆◇ 赋予百岁老人价值感

作为百岁老人，她最无法接受的事情有是自己什么都不能做了，没有价值了。

因为身体机能慢慢退化，手脚协调能力变弱了，做事情自然很难，但是，每当护工想帮助她的时候，这位老人就非常拒绝。但是，如此也有许多麻烦，包括老人吃饭的时候，有时候会把米饭弄得到处都是。

工作人员觉得她都100岁了，应该享福了，什么事情都可以不用做了。但是护工越是这样照料的时候，发现这位老人越是拒绝。

后来医护人员经过商讨，发现护工照顾得是不是有些过度了。大家了解到，这位老人以前就是自己的事儿自己解决。

后来，社工及护理人员对照顾计划进行了调整，那些力所能及的事情，就让百岁老人自个儿去做，例如吃饭、喝汤，护工都给她端到面前，接下来都由她自己去操作。虽然看起来她操作得很笨拙，但是老人自己亲自动手的时候，她就感觉很开心，感觉自个儿还能做一些事。

同时，护工站在她旁边看着她，以防意外发生。

如此，社工也知道了，照顾百岁老人，要尽量避免照料过度。要给予她动手的机会，要赋予老人能力，让她感觉到她自个儿还是有用的。

◆◇ 安全地服务百岁老人

作为百岁老人，其行动的安全性需要特别关照。

除了护工的照顾外，其他医护人员也参与到相关照护中，而医护人员在照料百岁老人时也发现，老人们自我照顾的愿望还是比较高的。像去洗手间这样的事情一般不会呼叫医护人员，但是医护人员考虑，毕竟他们都是百岁老人了，整体行动能力都比较弱。那么，医护人员可以让老人自己完成上厕所的工作，但是医护人员必须保证老人们的安全。

于是，每天晚上，医护人员会把坐便椅放在老人的床边，还贴心地把一个柔软的防滑地垫放在床尾。如此，既可以防滑，又可以告诉老人，走出这个地垫的范围就不是洗手间了。

医护人员把这个工作做了以后，老人就更加主动去把控自己的生活。医护人员只需要定时去检查这个老人是否有危险就可以了，而且医护人员特意把老人的房间安排到离护士站最近的地方，这位老人一旦产生紧急需求或者发生紧急事件的时候，医护人员能够第一时间赶到，帮助老人解决问题。

医护人员同时综合考量整个房间的安置和整个室内物品摆放

165

的问题，保证老人既能自己完成一些事情，又避免意外的风险发生。

医护人员在做这些工作的时候，之前都也与家属做了充分的沟通，向家属充分了解到了这位老人的日常生活习惯，具体掌握好她的生理作息时间，并且在每个时间点上，医护人员都就定时去查看，保证老人的绝对安全。

◆◇ 强化百岁老人的积极面

对于百岁老人来说，一旦发现其积极面，一定更要强化。

医护人员在照顾百岁老人的时候，发现有一位老人非常友善，不管是谁帮了她，或者是回应了她，老人都很乐意跟别人说话。别人到她房间去慰问他，她也很开心，总是会坐起来，很有礼貌地和人打招呼。

这些让医护人员觉得很奇怪。一般情况下，百岁老人的视力和听力都不太好，但是这位老人依然保持着这种很友善的举动。

医护人员经过了解观察，发现她跟亲人之间都是这种很友好的互动。

老人的所有家人，儿子、女婿，全家人都非常容易沟通，无论是院里有活动，还是医护人员遇到一些什么麻烦，需要家属支持的时候，这个家庭都非常愿意去帮助医护人员，也很乐意去帮医护人员解决百岁老人照顾方面的困难。例如需要给老人送衣物，他们都会很用心地去做，而只要医护人员工作人员做了一点点事，他们又都会感谢医护人员。

在工作中，医护人员就会让百岁老人回忆一下家庭中很友善的氛围。医护人员会夸赞她对子女的教育，百岁老人听到医护人员工作人员夸奖子女和儿孙都很孝顺、很友善的时候，她就会非常开心，觉得自己很有成就感。

强化老人生活中的积极面，老人自然会开心。老人开心了，也更愿意和医护人员沟通互动，最终形成良性循环。

◆◇ 从百岁老人喜欢的话题切入沟通

由于多种原因，与百岁老人的沟通时常会出现一些问题。

有些医护人员并不是本地人，所以在与当地百岁老人沟通时，就存在语言隔阂。有时，老人说的内容，医护人员根本听不明白。对于这个问题，医护人员也都感到很无奈。

后来医护人员对老人的档案进行分析，发现有位老人一直生活在广州南沙，使用的古方言比较多。

意识到这一点以后，医护人员就特意安排了在本地生活工作的护理员，去跟这位老人沟通，护理员就可以听明白老人所说的方言是什么意思。比如，医护人员称呼领导都叫领导，但是百岁老人就把大的领导称为"大志"。所以有领导来看老人的时候，医护人员就跟他说："'大志'过来看你了，你开不开心？"

老人就会非常高兴。

另外，由于老人年龄太大，听力受限，就不太愿意说话，对于许多沟通的话题更是没有兴趣，但是，保持老人的思维及表达

167

能力，又非常重要。

后来，医护人员发现，这位老人在教育子女方面做得非常好。就请老人去讲她是如何教育子女的。

老人很开心，她表示说，自己整个家庭都非常有素养，与人为善，与身边的人都没有争执，这源自她的妈妈。妈妈年轻的时候，当时正在闹饥荒，左右邻居家里都已经没有东西吃了。她们家当时的条件还相对好一点，妈妈就把家里面可以吃的东西分给邻居们一起吃。当别人请妈妈去帮助的时候，妈妈总是毫不犹豫地去帮助别人。妈妈善待别人的行为，对老人成长产生了很深的影响。老人像妈妈一样，与周围的人都是很友善地相处。妈妈去世后，整个村里的人都来送别她的妈妈。这一件事在百岁老人的记忆里打下了深深的烙印。老人意识到：与人为善，别人也会对我好。所以百岁老人始终都与人很友好地相处。后来，老人又把这种良好的品德传递给了子女，老人教育子女要终生与人为善。

老人在谈教育子女这个话题的时候非常开心，话匣子完全打开了。而这个时候，我们护理员就可以再跟百岁老人去谈自己想谈的关于护理方面的内容了，而在这种情况下，老人就会很愿意听护理员的护理意见了。

◆◇ 给百岁老人的经历赋予意义

百岁老人往往经历过非常艰辛的过往，而这些，会折射到现实生活中。

有一位百岁老人，在年轻的时候经历了战争和苦难的岁月，所以有时候晚上会做噩梦，会突然间坐起来，说一些奇怪的话，说有人要害她。

同房居住的另外一位老人感觉很恐惧。

后来，工作人员经过和老人家属沟通，了解到老人早年的一些经历。以前，经常有小偷来家里面偷东西，老人还经历过生离死别，再加上战争，所以老人的心里有一些阴影。

为此，工作人员想到了一个办法。

工作人员和老人一起回顾曾经的经历，进而了解到，老人早些年没有东西吃，生活很艰辛……工作人员就趁机向老人解释：老人早年的艰辛换来了今天的幸福，家庭的孝顺以及 100 多岁的高寿。

通过引导，让老人把消极情绪逐渐转化成了积极情绪，同时，当老人把这些经历都倾诉出来的时候，压力与情绪也得到了释放，慢慢地，老人做噩梦的次数就少了。

这给了工作人员一个经验，照顾百岁老人，尤其是经历过大量辛苦劳作及战争的老人。要多给他们创造一些释放情绪及记忆的机会，如此，老人的心理压力就会慢慢减少，就会生活得更自在，就会活在当下，而不是活在艰苦的岁月里。

169

◆◇ 如何让百岁老人参与活动

百岁老人对大部分活动都没有兴趣，但有一种是例外。

医护人员在组织活动的时候，发现有一位百岁老人好像并不太喜欢这种热闹，她每次都是坐在那里，有时候打瞌睡，有时候想回房间睡觉。

但是有一次，幼儿园的孩子来院里演出，医护人员发现了一个很有意思的现象，只要小朋友一靠近这位百岁老人，老人就伸出手去摸小朋友。

观察到这个细节以后，医护人员特意去跟幼儿园的老师说，能不能派一个小朋友去跟这位老人聊聊天。

幼儿园就专门派了一个小朋友过来，而这位百岁老人听到小朋友的声音就非常开心，夸小朋友聪明伶俐，还说她很喜欢小朋友，好想抱抱小朋友。

以后，再举行活动的时候，只要有家属带着小朋友过来，医护人员就特意让家属带着小朋友一起去看望这位老人。虽然老人看不清晰，也听不清楚，但是一旦有小朋友的声音传入她耳朵的时候，老人就高兴地拍手。

如此，医护人员就知道如何邀请百岁老人参与活动了，包括特意专门为她一个组织活动时，都会专门跟一些学校沟通好，欢迎小朋友一起来参加这个特别活动。

◆◇ 为百岁老人设计一些小发明

百岁老人越来越接近孩子的个性，想做什么就必须做什么，对此，也需要特别的应对方法。

医护人员发现，有一位百岁老人比较喜欢用纸巾，有时候医护人员没有及时把纸巾给她，老人就会觉得医护人员帮助不到她，会不停地叫。

后来，医护人员就想到了一个办法，医护人员计划在老人轮椅旁边加装一个设置，把纸巾放在里边，这样老人可以随时随地自己去取。

经过商量以后，医护人员立刻去采购了一个小篮子，把这个小篮子装在老人轮椅的旁边。装好之后，医护人员就告诉老人纸巾放在哪里，如何去拿。

老人刚开始觉得有点不习惯，但是经过医护人员的沟通，老人慢慢地开始接受并且"享受"这个小设计。

自从医护人员想了这个方法以后，每天定期给老人更换纸巾，把纸巾放在她的座椅旁边，老人需要使用的时候，就可以自己马上拿了。

后来，医护人员在工作中，还不断改造这个小装置，比如，给老人弄一个小扶手，还给她的轮椅进行包边，这样，纸巾装置也不会刮到老人。

◆◇ 尊重百岁老人居家时的饮食习惯

百岁老人对生活的要求越来越少，所以，对于仅剩不多的需求就更加敏感，要求更高，例如：吃饭。

一位百岁老人刚入住的时候，医护人员按照正常配餐端给老人，老人有时候会说医护人员的饭菜没有味道，甚至有点凉。但医护人员都是按照"标准温度"做的饭菜，为什么老人还是觉得饭菜凉。后来，家属来了之后，经过与家属沟通才知道：老人在家里的时候，饭菜的温度普遍比其他的人家高。

为此，医护人员特意老人准备了微波炉，如果老人说饭菜凉，医护人员就立刻加热一下，

而百岁老人觉得，加热后的温度恰好适合她。

另外，医护人员也跟厨房师傅沟通了一下，给老人多提供一些喜欢吃的鱼，并且要把鱼的骨头和刺之类的东西全部去除，这也是老人以前比较喜欢吃的一些食物。

慢慢地，医护人员发现这位百岁老人是很容易照顾的，以前是对她没有足够的了解，才误以为老人是一个挑剔的人。

所以，对于百岁老人，医护人员需要更强化与家属的沟通，全面掌握老人所有的生理心理特点及以往生活习惯，如此，才能让百岁老人百分百地满意。

◆◇ 给予百岁老人安全感

百岁老人，更容易因为经历及记忆中的东西产生恐惧，进而影响睡眠。

医护人员在照顾百岁老人的过程中发现：有一位百岁老人经常半夜惊醒，坐起来说一些梦话，说有人要害她，并且看到有人在房间里走来走去。

后来经过了解得知，老人的一生比较坎坷，所以非常缺乏安全感。

医护人员和她解释了很久，让她放心，但她都很固执，仍然认为有人害她。

后来，恰好有一个男同事刚好从老人的房门前走过。

优美的环境，让人心情放松

安全的环境，让人放心

幸福颐养的 100 个故事

老人问："是不是有保安在巡逻？"

医护人员发现老人在"自己给自己找安全感"，立刻回答："是的，是的！"

后面老人夜里再惊醒的时候，医护人员就跟老人说：

"你看到的人并不是小偷，而是保安在巡逻，这里，白天晚上都有人在巡逻的，所以你可以安心地睡觉，这里很安全！"

老人听到这个解释后，就觉得安全了，然后很放心地睡觉了。

实际案例之专家点评

点评专家张大诺：老人深度关怀十余年志愿者，其著作《她们知道我来过——中国首部高危老人深度关怀笔记》一书，获得"中国好书"图书奖，该书也是国内养老领域少数获得国家级图书大奖的书籍之一。

老人到了80岁以上的高龄，身体状况会出现很严重的问题：耳朵听不清，眼睛看不见，行动不方便，同时会更加任性。包括本书中所提到的现象，比如：老人很任性地把剩饭从阳台倒下去、很任性地吸烟、很任性地点蚊香，以及有认知障碍的老人到处乱走等等。

面对这些问题，我们看到，幸福颐养的工作人员采用了非常实用的方法，而所有这些方法又都结合着老人具体的心理需求以及性格特点。

从老人的心理需求入手，进而去解决老人的生活问题，这是一个非常重要的方法；从老人的性格入手，去解决他们的生活问题，这是一个非常重要的角度。

例如，面对老人从阳台上乱扔剩饭的问题，社工采用的方法

175

是：直接点出他过去受人尊敬的校长身份，并且强化校长的身份感觉，进而再引出他已有的严格自我要求的好习惯，再结合现在的问题进行具体分析，如此，老人就意识到自己的问题，或者愿意改变自己的问题。

例如，让老人戒烟，护工在劝解时，并没有一开始就去批评她，而是对她表示一定的尊重，同时对她承认吸烟还进行夸奖，然后表示和她一起来做戒烟努力。

仔细分析这个过程我们可以看到以下三个层次分得很清楚：并不批评，是要形成彼此的沟通氛围；老人承认吸烟就夸奖，是让老人内心很舒服；我们一起努力，显得我们是一个团队，同时还有一起做事的温暖感，最终达成劝诫目标。

通过以上例子的分析，我们看到幸福颐养的工作人员，确实掌握了一种科学的理念。一旦发现对方有生活上生理上的问题，不是只从生活和生理这个表象层面入手，而是从老人的心理层面入手，同时利用老人情绪、性格、人格等固有特色，去解决其生活生理问题。如此，解决相关问题时就会思路清楚、效果显著。

另外，老人到了七八十岁以上的高龄，其精神状态确实很不稳定，包括会有抑郁、痛苦、恐惧、惊恐等习惯性灰色情绪，以及自我否定对外怀疑等习惯性思维。从某种意义上来，甚至会形成灰色情绪的合集。

而让我们欣慰的是，幸福颐养的工作人员对于老人诸多的心理情绪问题，进行了高效的劝慰。

其方法，主要遵循两个原则。

第一，以某种技术手段，通过眼见为实的方式，让对方消除心里的烦恼和恐惧。

当老人产生痛苦和恐惧的时候，是因为他想到了某些真实的东西，或者记忆之中涌现了非常真实的东西，那么，我们就要用另外一些眼见为实的真实的东西去消除前者。比如说当老人觉得屋里有鬼不敢睡觉时，工作人员就把路过的人说成是守护老人的特别保安，并且强化有人在门口走来走去及特别守护的印象，如此，老人就会产生新的眼见为实的被保护的感觉，进而消除内心的恐惧。

第二，给老人温暖，以及对老人特别的关怀。

在有些人看来，温暖好像就是一种付出。但是，在书中我们看到许多因为得到温暖、老人淡化且去除了内心痛苦的实例，由于它起到了非常好的关怀效果，这就是一种实用的方法。

例如，当老人特别疼痛的时候，老人无法休息的时候，有些护工是深夜仍然陪着他，让他充分感受到了人和人之间的温暖。在这种温暖情绪之中，他的很多烦恼和痛苦会大量减弱，减弱之后，他就会进入到一个比较好的情绪之中，进而能够配合护工的工作。

综上所述，面对老人的心理情绪精神方面的问题，首先要想的是，能不能通过一些技术手段，以其眼见为实的东西去消除相关心理问题。如果实在不行，就用最简单的最直接的莫大的温暖，送到老人们的心里。使老人在温暖之中一点一点消化负面情绪，快乐地去安享自己的晚年。

再有，当老人入住机构的时候，必然更多地与周边的人发生人际关系，周边的人包括：其他老人、护理员、医护人员，那么也会有一些人际问题随之发生，这很正常。

177

在书中我们看到，在解决老人因为人际关系而产生的问题时，幸福颐养的工作人员运用了两个很有效的方式。

第一个方式：设身处地地去理解老人。

比如，当老人对护理员产生一些不好的误解，甚至有了不好行为的时候，护理员最终原谅老人，仍然安心护理老人，是因为他们设身处地想到老人的身体状况、心理状况以及其他的一些情况，真心觉得老人有让人同情的地方。如此，护理员就觉得，自己面对的不是一个刁蛮的老人，而是一个让人很心疼的一个人。当有这样情绪的时候，护理员的心态就得到了非常好的疏解。

第二个方式：让老人设身处地去想别人。

比如，如书中所示，当老人对其他老人不满的时候，社工会细讲其他老人的具体情况及人生经历。老人就会明白，噢，原来那些老人也很不容易，也很辛苦。他对其他老人就会有一种本能的同情，进而减少和其他老人的冲突。书中还有一个护理员哭泣的案例。当两个老人互相争吵无法劝解的时候，一个护理员当时本能地哭了，说着：自己的母亲都没有时间照顾，在这里头精心照顾老人，你们还打成这个样子，让自己这么为难……

如此做时，两个老人居然就真的不再争吵。实际上，这里用的方法，就是让他们设身处地去想护理员，进而解决自己的问题。

两个"设身处地"，方向不同，但取得的效果都是非常好的。

点评专家王楠：中国老年学和老年医学学会副会长／北京长寿俱乐部养老服务中心理事长

幸福，对我们每个人而言，经常是可遇不可求的。对于住在养老机构的老年人，他们离开了自己的家，离开了亲人的陪伴，住到一个新的环境里等待生命的终点，似乎离幸福就更遥远了。

读这本书，让我们感到最大欣慰的是：在最不可能找到幸福的地方，因为护理人员无微不至地照顾与陪伴，老人们慢慢地回忆起了生命中每一个幸福的细节，以至于不再孤独、不会恐惧、勇敢面对现实中的衰老与病痛，微笑着度过充满人生智慧与感悟的晚年。

我有幸服务过多名刚刚退休的老人，我发现，老人们拥有着非常强大的自我快乐的能力，而随着他们生活水平的提高，他们寻求快乐的方式会越来越多、越来越深入。如此，我们可以预见，当幸福颐养这样一本书出现的时候，会让更多养老机构愿意去挖掘老人们快乐的方式，并且把这些快乐形成书中所提到的幸福档案，让他们不但能够讲述、回忆和享受退休前的欢乐时刻，更能够享受他们从退休到 80 岁之间的欢乐时刻。如此说，这本书也是一本与时俱进的好书。

我们特别期待，因为读了这本书，为人子女，为人父母，可以没有顾虑地把至爱至亲的那个需要照顾的他（她）交给这些以追求幸福为最高目标的养老机构，让我们用陪伴、用呵护、用爱，给你爱的人幸福吧！

幸福颐养的 100 个故事

点评专家朱明飞：中国社会福利与养老服务协会信息化专家委员会委员 / 江苏省老龄产业协会副会长 / 南京索酷信息科技股份有限公司董事长

今天，在中华民族伟大复兴时期的中国，我们迎来了银发潮，进入了老龄化阶段。很多有爱心、有责任感的人在深刻地讨论着老龄化对于复兴中的中华民族的种种影响，不乏困惑与担忧。这群人中，幸福颐养已经行动起来，用他们的热情与关爱、智慧与技能，实实在在地投身于呵护长者们的事业中。

在书中，我们读到很多老人已经开始更多地使用智慧型的适老化设施，包括能够让老人感到更舒适的坐便器、老人门前的智能化显示屏、老人日常活动的后台数据监测等等。其实，智慧养老是幸福养老的深化，越智慧越幸福，智慧养老也是一种必然趋势。

另外，当老人进到养老院的时候，并不是他跟社会分离的时候，更不是他跟社会的高科技发展相分离的时候，恰恰相反，他们应该最先、最多、最深入去体会高科技的服务。

所有的老人都是全社会的老人，那么全社会最精华的东西也应该为他们全面服务，就像未来当我们老了的时候，我们同样可以享受这样的最新的智慧服务。

在北京幸福颐养研究院的召集和带领下，一群有情怀、有梦想的年轻人，从技术到服务，倾尽自己的热情与爱心，全方位地为长者们提供从基础的衣食住行到精神层面的心灵慰籍，让长者们既享受到生活之美，又能体现自我价值。而这些努力，都被收录在此书中。

后　记

　　本书所有的故事及关怀实践，均来自幸福颐养旗下运营管理的养老机构。

　　北京幸福颐养医疗投资控股有限公司（以下简称"幸福颐养"）是由国家民政部机关服务局下属企业牵头成立并组建的，公司以养老服务运营管理为核心业务，依托"社区健康驿站、养老机构、护理院三级医养模式，为老年人提供全生命周期的医养服务，现在已发展成为集医疗康复、健康管理、智慧养老、康养旅居、人才培训、老年文化和产业基金为一体的综合性养老产业集团，公司以"造福长者、发展产业、奉献社会"为理念，致力于打造中国公共养老行业领军企业，创建可推广、可复制的连锁经营品牌。

　　幸福颐养在全国率先提出"360°幸福养老服务体系"，并成立了幸福研究院，由中国临终关怀实践派代表人物、著名公益讲师、"中国好书奖"获得者张大诺老师担任院长，专注于研究如何提高老人幸福指数，构建老人深度幸福关怀理论，并依据理论相继开展了幸福养老文化工程、养老机构幸福软环境营造、"双百公益养老计划"等实践。幸福研究院旨在打造全国养老研究的权威机构，造福长者、奉献社会，助力幸福中国。

幸福颐养的100个故事

幸福颐养将公益性与市场化并轨运营，努力发展社会型养老企业，真正做到用公益心、用慈善心、用博爱心、用儿女心做养老事业。

本书最终得以出版，要感谢多方的支持。

首先，感谢幸福颐养董事长吕俊峰、总经理谢晓东的全力支持和全程鼓励；其次，感谢一线的医护人员、社工护工及其他工作人员提供的真实关怀案例，他们的辛苦付出及诸多智慧为本书提供了真实可信的强有力的内容保障；最后，作家胡夏娟女士对此书进行了重要的润色完善，对她的辛苦付出表示感谢。

我们相信，有了如此多的专业人士及专业机构的支持、本书一定可以为中国养老事业的未来发展有所贡献，为几亿老人的福祉有所贡献、为无数中国家庭的幸福有所贡献。

责任编辑：宰艳红

版式设计：顾杰珍

图书在版编目（CIP）数据

老人深度幸福纪：幸福颐养的 100 个故事／谢晓东，张大诺 主编．—北京：
　人民出版社，2019.2

ISBN 978－7－01－020275－4

I.①老… 　II.①谢…②张… 　III.①养老－社会服务－案例－中国

　IV.① D669.6

中国版本图书馆 CIP 数据核字（2019）第 005316 号

老人深度幸福纪

LAOREN SHENDU XINGFU JI

——幸福颐养的 100 个故事

谢晓东　张大诺　主编

人民出版社 出版发行

（100706　北京市东城区隆福寺街 99 号）

北京盛通印刷股份有限公司印刷　新华书店经销

2019 年 2 月第 1 版　2019 年 2 月北京第 1 次印刷

开本：710 毫米 ×1000 毫米 1/16　印张：12.5

字数：120 千字

ISBN 978－7－01－020275－4　定价：45.00 元

邮购地址 100706　北京市东城区隆福寺街 99 号

人民东方图书销售中心　电话（010）65250042　65289539